国家智库报告 2020（35）
National Think Tank
中国非洲研究院文库·智库系列

"一带一路"倡议与中非合作论坛"八大行动"

杨宝荣 主编

THE BELT AND ROAD INITIATIVE AND THE "EIGHT MAJOR INITIATIVES" OF THE FORUM ON CHINA-AFRICA COOPERATION

中国社会科学出版社

图书在版编目（CIP）数据

"一带一路"倡议与中非合作论坛"八大行动" / 杨宝荣主编 . —北京：中国社会科学出版社，2020.10
（国家智库报告）
ISBN 978-7-5203-7419-4

Ⅰ.①一… Ⅱ.①杨… Ⅲ.①"一带一路"—国际合作—研究报告—中国、非洲 Ⅳ.①F125.54

中国版本图书馆 CIP 数据核字（2020）第 205010 号

出 版 人	赵剑英
项目统筹	王　茵
责任编辑	黄　晗
责任校对	闫　萃
责任印制	李寡寡

出　　版	中国社会科学出版社
社　　址	北京鼓楼西大街甲 158 号
邮　　编	100720
网　　址	http://www.csspw.cn
发 行 部	010-84083685
门 市 部	010-84029450
经　　销	新华书店及其他书店
印刷装订	北京君升印刷有限公司
版　　次	2020 年 10 月第 1 版
印　　次	2020 年 10 月第 1 次印刷
开　　本	787×1092　1/16
印　　张	11.5
插　　页	2
字　　数	131 千字
定　　价	68.00 元

凡购买中国社会科学出版社图书，如有质量问题请与本社营销中心联系调换
电话：010-84083683
版权所有　侵权必究

摘要：2018 年中非合作论坛北京峰会上，中非一致同意将"中非合作论坛"作为共建"一带一路"的主要平台，峰会所提出了旨在深化中非合作，构建更加紧密的中非命运共同体的"八大行动"。由此，"八大行动"成为国际社会观察中国对非合作体现"中非命运共同体"的重要窗口。广泛领域合作的"八大行动"及具体项目体现了中国对非合作的传统价值，也是新时代中国关注非洲发展需要，对接非洲发展需要的具体举措。在遭遇新冠肺炎疫情背景下，"八大行动"稳步落实，成效显著。针对非洲发展面临着新的严峻挑战，帮助非洲应对疫情走出困境成为中非合作的重要内容。

关键词：中国；非洲；中非命运共同体；"一带一路"倡议；中非合作论坛；"八大行动"；价值；成效；

Abstract: At the FOCAC summit in Beijing 2018, China and Africa agreed to build "the Belt and Road" for a closer China-Africa community with a shared future and Deepening Cooperation and promoting co-development. The eight major initiatives are Concrete measures. Therefore, The eight major initiatives have become an important window for reflecting the "China-Africa community with a? shared future". The projects embody the traditional value of China's cooperation with Africa, and are also concrete measures taken by China in the new era to pay attention to Africa's development needs and align with Africa's development needs. The eight major initiatives have been implemented steadily with remarkable results during the COVID – 19. In the light of the new severe challenges Africa facing, china-Africa cooperation has become an important Content to help Africa cope with the epidemic and get out of the predicament.

Key Words: China; Africa; China-Africa community with a shared future; the Belt and Road Initiative; FOCAC; the "Eight Major Initiatives"; Value; Project Effectiveness

目 录

一 "一带一路"倡议与中非合作论坛 …………………（1）

二 "一带一路"倡议与非洲产业促进 …………………（10）

三 "一带一路"倡议与非洲设施联通 …………………（26）

四 "一带一路"倡议与非洲贸易便利 …………………（37）

五 "一带一路"倡议与非洲绿色发展 …………………（53）

六 "一带一路"倡议与非洲能力建设 …………………（68）

七 "一带一路"倡议与非洲健康卫生发展 ……………（80）

八 "一带一路"倡议与中非民族文化交流 ……………（94）

九 "一带一路"倡议与中非民心相通 …………………（107）

十 "一带一路"倡议与中非和平安全合作 …………（127）

十一 "一带一路"倡议与非洲反响 ……………………（140）

十二 "一带一路"倡议与国际舆论 ……………………（154）

参考文献 ……………………………………………………（169）

一 "一带一路"倡议与中非合作论坛[*]

始于2000年的中非合作论坛是中非友好合作的重要机制化合作平台，中非合作论坛在促进中非共同发展，提升非洲发展能力方面发挥了积极作用。"一带一路"倡议是新时代中国开展国际合作的重要倡议，旨在通过合作促进合作国家的共同发展。"一带一路"倡议得到了世界广泛的认同。2018年中非合作论坛北京峰会中非一致同意将中非合作论坛作为共建"一带一路"的主要平台，北京峰会所提出的"八大行动"将成为深化中非合作，构建更加紧密的中非命运共同体的重要推手。

（一）中非合作论坛是中非共建"一带一路"的主要平台

2018年中非合作论坛北京峰会"关于构建更加紧密的中非命运共同体的北京宣言"（以下简称"宣言"）将"一带一路"倡议与中非合作论坛正式对接。宣言强调中非一致"同意将论

---

[*] 杨宝荣，中国非洲研究院研究员。

坛作为中非共建'一带一路'的主要平台。"这是中国与广大非洲国家在中非合作论坛框架下适应新时代发展需要，就深化中非合作一致做出的共同承诺。"中非合作论坛"和"一带一路"倡议都是中国对外合作的重要机制。二者所体现的中国对外合作理念有着较强的一致性，都是中国一贯倡导并坚持的"和平共处五项基本原则"下的对外经济合作。"中非合作论坛"是中国开始较早的重要地区合作机制，"一带一路"倡议是新时代中国倡导的对更广泛地区的合作倡议。二者反映了中国不同时期不同能力下的对外合作诉求。"一带一路"倡议是新时代的中国通过合作共赢构建全球伙伴关系，推动新型国际关系发展的重要倡议。它反映了新时代中国的国际担当。正如习近平主席所讲，国家不论大小、强弱、贫富，都应该平等相待，既把自己发展好，也帮助其他国家发展好。

共建"一带一路"体现中非合作得到深化。根据宣言，2018年中非合作论坛北京峰会的目标是通过中非合作共赢，构建更加紧密的中非命运共同体。构建更加紧密的中非命运共同体，既强调继续推动中非合作论坛的深化，又同意在中非合作论坛平台上共建"一带一路"，所反映的则既是对中非合作论坛的成效的肯定，也是对新时代中非合作论坛发展方向的指引。中非之间长期以来在坚持和平外交五项原则上就国际事务、国内发展问题上相互支持。从2000年中非合作论坛启动以来，中非天然的命运共同体合作不断深化，在促进非洲国家快速增长和发展领域取得了举世瞩目的成绩，也带动了世界大国对开展与非洲合作的关注。在当前国际发展环境下，要推动中非合作论坛的深化，必须要切合时代的发展主题。而弥补发展差距，提升发展水平无疑是当前世界绝大多数国家都面临的问题。"共商共建共享"原则下开展"五通"合作,符合非洲发展需要,也是中非传统合作理念的延伸。共建"一带一路"表明非洲对"一带一路"倡议的共商共建共享原则的支持。中非在"中非合作论坛"上共建"一带一路"既有夯实中非命运共同体之要义,也有遵循市场规律和国际通行规则,通过平等合作实现互利共赢,打造更加开放的合作,以促进世界包容性增长和可持续发展的理念。

共建"一带一路"对接非洲发展战略。中非在行业发展水平和发展领域的差异,注定中非利用各自相对优势开展合作有着广泛的空间。非洲国家自独立以来,在探索独立自主发展的前提下多次出台促进社会经济发展的发展战略,非洲发展能力的提高,不仅在于弥补基础设施短板,更在于工业化。但受多种因素影响,非洲的工业化一直难以实现。发达国家主导的对非合作,更多停留在口头承诺。相比,中国在长期的对非合作中,立足于支持非洲自主发展,积极对接发展需要和发展规划,合作成效突出。就当前,中国为推动"一带一路"倡议下的合作,从金融、产能、基础设施建设、技术培训等多领域提供合作支持,为合作项目的落地提供了坚实的保障。"一带一路"的共商共建共享原则表明,中国倡导的"一带一路"倡议并不是独自主导的合作,而是要通过与相关国家对接发展需求,通过广泛的合作实现共同发展。在宣言中,中非各方一致同意将"一带一路"同联合国2030年可持续发展议程、非盟《2063年议程》和非洲各国发展战略紧密对接,加强政策沟通、设施联通、贸易畅通、资金融通、民心相通,促进双方"一带一路"

产能合作，加强双方在非洲基础设施和工业化发展领域的规划合作，为中非合作共赢、共同发展注入新动力。

（二）共建"一带一路"体现中非合作论坛成效

中非合作论坛启动近20年来，中国根据自身发展能力的提升，不断拓展对非合作领域。正如宣言所讲，中非同意将论坛作为中非共建"一带一路"的主要平台，是因为中非各方认为论坛机制日益高效，引领国际对非合作。党的十八大以来，中国对非合作不断升级。2013年习近平主席访问非洲强调"中非从来都是命运共同体"以来，中国对非合作提升非洲自主发展能力的举措不断扩大。2014年李克强总理在非盟提出了"六大工程"和"三大网络"建设合作，2015年习近平主席在中非合作论坛约翰内斯堡峰会上提出了深化中非合作的"五大支柱""十大合作计划"，2018年习近平主席在中非合作论坛北京峰会提出了"八大行动"。

中非合作论坛为深化和推动更广泛的国家间合作积累了经验。始于2000年的中非合作论坛，是中非之间开展集体对话的重要平台和促进务实合作的有效机制，已经成为发展中国家团结合作的响亮品牌和引领国际对非合作的典范。其一，论坛机制不断完善，已经成为推动中非各领域广泛合作的重要多边机制。其二，合作成效突出。在中非合作的推动下，2000—2015年，非洲人均GDP增长率从接近0实现了年均3%的增长，成为全球增长突出的地区。1993—2015年，非洲的贫困指标持续下降。非洲开发银行《2015年非洲发展报告》，通过对37个非洲国家、75万个家庭的人口和健康卫生数据多维度分析，发现缺少住房、可饮用水、电力、收音机/电视等资产的家庭数量从20世纪90年代的42%下降到2005年的25%。麦肯锡公司于2017年6月发表的研究报告表明，过去10年里，中国和非洲国家双边贸易每年增长约20%，直接投资每年增长约40%，中国还承建了非洲的许多大型基础设施项目。中国在非洲的发展投入为非洲的发展做出了巨大贡献，中国企业给非洲带来了投资、管理经验以及创新活力，从而促进了非洲经济的发展。在贸易、投资、基础设施、融资和援助等方面，中国都是非洲的前五大合作伙伴。中国企业在非洲遵守市场规律，在众多领域的投资都是长期性的。除了制造业外，中国投资还集中在服务业、建筑业和房地产行业上。中国的投资和商业行为给非洲带来了不少经济实惠，其中包括创造就业和提高非洲工人技能、知识和技术转让以及改善基础设施。该报告认为，"中国在非洲的这种参与程度没有哪个国家能与之匹敌"[1]。

中非合作方式促进非洲发展进步的作用得到世界认同。提供资金支持并立足基础设施建设，不断扩大贸易、延伸产业价值链投资的中非合作，不仅对非洲千年发展目标的实现做出了巨大的贡献，同时也为非洲改善投资环境、增强自主发展能力注入了持久的动力。仅以电力为例，非洲地区迄今仍有约6亿人处于无电可用状态。相关数据显示，在非洲城市区域，70%

---

[1] 新华网：《麦肯锡报告说中国对非洲贡献巨大》，2017年6月29日，http://news.10jqka.com.cn/20170629/c599026387.shtml。

的人口有电可用,而在农村,只有28%的人口有电可用。但中非合作为非洲的基本电力提供做出了巨大的贡献。据国际能源署2016年7月发布的研究报告《促进撒哈拉以南非洲电力发展:中国的参与》显示,2010—2015年,中国企业作为主要承包商承建的发电装机容量占撒哈拉以南非洲新增发电装机总容量的30%。期间,中国为撒哈拉以南非洲电力行业发展提供的贷款、买卖方信贷和外商直接投资达到约130亿美元,占这些地区该部门全部投资的20%。中国公司承建的电力项目中,78%的融资来自中国国内,20%来自多边援助和混合融资,只有2%来自项目所在地。中国同非洲国家的合作,为保障居民的基本生活条件做出了巨大的贡献。当外界认为中国提供融资增加非洲国家政府债务负担的时候,并没有考虑到在21世纪的今天,广大的非洲人民仍然得不到用水、用电的基本生活需求的满足。正如国际能源署表示,中国企业在推动撒哈拉以南非洲电力行业发展的过程中发挥着举足轻重的作用。①

(三)共建"一带一路"将夯实中非合作论坛

2018年中非合作论坛北京峰会后,推动"八大行动"的落实成为当前深化对非合作的主要举措。深化中非合作论坛不仅要让合作对接各自发展战略,还要让中非合作共赢的发展规划

---

① 人民网:《超过3/4的近八成撒哈拉以南非洲国家与中国企业签订电力项目合约——"中国企业为我们带来了希望"》,2016年8月8日,http://world.people.com.cn/n1/2016/0808/c1002-28617453.html。

落到实处。

就中非合作而言，正如"宣言"所指，对非合作的深化，既要政府积极倡导，也要遵守市场规律，更要循序渐进稳步推进。2018年中非峰会上，中国根据发展条件，提出今后三年重点实施产业促进行动、设施联通行动、贸易便利行动、绿色发展行动、能力建设行动、健康卫生行动、人文交流行动、和平安全行动"八大行动"，支持非洲国家加快实现自主可持续发展。这些行动既是新时代中国对非洲合作的具体行动，也体现了中国长期对非洲合作的关注。社会发展的进步是综合的，也是建立在经济增长基础上的，特别是对于非洲国家而言，要实现《2063年议程》，不仅需要加大基础设施建设投入，更要实现自主能力的发展和提升产业在国际体系中的参与度和参与水平。在当前第四次产业革命方兴未艾之际，世界经济发展处于结构性调整的大背景下，依靠传统产业的增长和发展充满不确定性。因此，在中非合作论坛平台上共建"一带一路"，更需要发挥中非各自的相对优势，深化合作，才能有效应对中非共同面对的发展挑战。正如习近平主席在2018年中非峰会开幕式上指出，当前中非合作仍然面临着前所未有的挑战。霸权主义、强权政治依然存在，保护主义、单边主义不断抬头，战乱恐袭、饥荒疫情此起彼伏，传统安全和非传统安全问题复杂交织。面对时代命题，中国愿同国际合作伙伴共建"一带一路"。我们要通过这个国际合作新平台，增添共同发展新动力，把"一带一路"建设成为和平之路、繁荣之路、开放之路、绿色之路、创新之路、文明之路。

共建"一带一路"推动经济全球化发展，为世界发展提供多元化发展选择和发展动力。在中非合作论坛成功推动中非合作的基础上，总结合作经验，结合国际经济发展特点，让更多的发展中国家通过合作实现发展，是中国新时代对中非合作论坛经验的进一步推广。正如2017年习近平主席出席达沃斯世界经济论坛时指出，虽然当前人类文明发展到历史最高水平，但全球增长动能不足、全球经济治理滞后、全球发展失衡这三大根本性矛盾仍然比较突出。历史地看，经济全球化是社会生产力发展的客观要求和科技进步的必然结果。经济全球化为世界经济增长提供了强劲动力，促进了商品和资本流动、科技和文明进步、各国人民交往。另外，作为最大的发展中国家，中国改革开放所取得的巨大成就，为广大发展中国家提供了多元化发展选择和发展动力。正如有研究指出，中国经济持续保持中高速增长，已成为全球经济复苏和可持续发展不可或缺的"发动机"和"稳定器"。在世界经济增长乏力的背景下，中国的持续多年高速增长为带动世界经济增长发挥了重要推动作用。按照2010年不变美元价格计算，2013—2016年，中国经济实现了年均7.2%的增速。期间，按照当年汇率计算，中国国内生产总值占世界经济总量的比重由12.5%提高到14.8%，提高了2.3个百分点，对世界经济增长的平均贡献率超过30%。据世界银行估测，2017年世界经济增速为3%左右，按此增速计算，2017年中国经济占世界经济的比重提高到了15.3%左右，对世界经济增长的贡献率为34%左右。[1] 客观上，国际产业分工体系的变化及国际资本流动的特点决定了中国增长的溢出效

---

[1] 金融时报：《中国能保持对世界经济增长30%的贡献率吗？》，2018年4月21日，http://money.163.com/18/0421/10/DFTMAB2N00258105.html。

应。因此，通过"一带一路"让更多的国家搭乘中国的高速增长列车，是中国"一带一路"倡议的重要目标。

共建"一带一路"有利于创新增长和发展模式，打造人类平衡普惠发展模式。历史表明，每一次工业革命在新技术带来新发展的同时，也是国家间发展差距扩大的时期。当前，人类正站在新发展的十字路口。在新技术带动下，传统产业及国际分工面临着新的机遇和挑战。一方面，包括非洲在内的大多数发展中国家，其经济增长的活力和潜力在信息化时代并没有完全释放。如果不能改善这些国家的经济基础条件，新的技术革命将继续扩大其与发达国家间的发展差距，世界的发展将更加不平衡，人类社会所面临的问题也将更加突出。另一方面，在当前世界经济活力尚未恢复，而制约发展中国发展的国际因素仍然突出的背景下，新的增长动能严重不足，进而限制了世界经济的增长。因此，利用过去几十年中国在发展中积累的技术和资金基础，创新增长方式，释放增长活力，带动其他国家共同发展，体现了中国贡献发展经验的大国担当。

二 "一带一路"倡议与非洲产业促进[*]

推进工业化和农业现代化，是非洲国家加快经济转型发展的普遍诉求，也是非洲国家减少贫困，提高自主发展能力的重要途径。为回应非洲国家的诉求，2000年中非合作论坛成立以来的历届会议都将产业合作列入"行动计划"和重要举措加以重点推动；2013年出台的"一带一路"倡议，指引着中非产业合作的发展方向。中非之间更是加强了产业合作在战略和政策层面的对接，中国对非洲产业投融资活动切实地推动了非洲的可持续发展，增强了非洲的"造血"功能。

（一）中国与非洲产业合作发展现状

在中非合作论坛引领下，21世纪以来的中非产业合作主要围绕工业合作、农业合作、产融合作三个方面进行。

1. 着眼于提升非洲自主发展能力的工业产业合作方兴未艾，多形式合作举措显著

---

[*] 姚桂梅，中国非洲研究院研究员。

第一，中国产业园区落地非洲，变"中国制造"为"中非联合制造"。中国经济特区和产业园区建设的成功经验得到了国际社会的高度评价和认可。非洲人民也迫切地希望向中国学习产业园区和经济特区的规划、建设和运营管理经验。为帮助非洲提升工业化水平，中国政府正式提出了中非产能合作计划，包括先行先试国家和产能对接的重点行业。

2016—2018年，中国积极推进中非产业对接和产能合作，发挥经贸合作区的聚集和辐射作用，为在非洲新建和升级一批经贸合作区提供软硬件支持，与埃及、摩洛哥、莫桑比克、南非、埃塞俄比亚等国家签署了经贸合作区建设合作文件，为经贸合作区的建设、发展、招商提供服务和指导。截至2018年年底，经中国商务部备案的在非经贸合作区已有25个，吸引了超过430家企业入园，累计投资超过66亿美元，雇佣外籍员工4万人，累计上交东道国各种税费近10亿美元，[1] 形成了一批装备制造、轻工纺织、家用电器、资源深加工等产业集群，开拓了金融、科技、医药等新兴投资领域[2]，极大提高了当地的工业化水平、产业配套和出口创汇能力。在众多中国园区中，比较成功的有埃及泰达苏伊士经贸合作区、尼日利亚莱基自贸区、赞比亚—中国经贸区、埃塞俄比亚东方工业园等。[3] 此外，还建设了刚果（布）黑角

---

[1] 商务部副部长钱克明：《经贸合作区是中非投资合作发展的重要依托》，《中国投资》2019年第8期。

[2] 王东：《中非合作论坛——引领中非经贸合作蓬勃发展的动力源》，2019年1月21日，http：//big5.mofcom.gov.cn/gate/big5/er.mofcom.gov.cn/article/zgxw/201901/20190102829194.shtml。

[3] 吴哲能等：《工业园区模式助推非洲经济发展》，《中国国情国力》2018年第2期。

经济特区、肯尼亚埃尔多雷经济特区、中车南非高科技工业园区、中地海外塞内加尔综合工业园区等一批较大规模的园区。

境外园区是中非产能合作的载体,是中国制造业对非洲合作的平台,通过境外园区的建设与合作,提高了制造业对非洲投资的集聚效应,极大地推动了非洲工业化进程,提高了非洲自身的"造血"能力。经过十几年的非洲境外园区开发和运营,目前中国已经总结出一套完整的境外园区知识与经验体系,大大提高了园区的开发成功概率。

第二,中国制造企业扎根非洲,切实推动经济社会可持续发展。截至2018年年底,中国对非洲制造业投资累计59.3%,占中国对非洲直接投资存量的13%,位列建筑业、采矿业之后,排名第三。[1] 从事制造业投资的中国企业数量庞大。据美国麦肯锡研究所估算,在非洲开展业务的中资企业数已经超过10000家,其中90%以上为私营企业,中资企业主要分布在赞比亚、尼日利亚、坦桑尼亚、南非等国。在这些中资企业中,30%从事制造业,24%从事服务业,14%从事建筑与房地产行业。[2]

中国制造业在非洲市场占有率较高。中资企业在非洲投资的众多行业中,制造业和建筑业这两个行业占据了可观的市场份额。2015年,在非洲中资制造业企业年营收规模超过600亿美元,占全非洲制造业市场份额的12%。[3]

---

[1] 中国商务部、国家统计局、国家外汇管理局:《2018年度中国对外直接投资统计公报》,中国商务出版社2019年版,第29页。

[2] McKinsey & Company, *Dance of the lions and dragons: How are Africa and China engaging, and how will the partnership*, June 2017, pp. 30–31.

[3] McKinsey & Company, *Dance of the lions and dragons: How are Africa and China engaging, and how will the partnership*, June 2017, p. 32.

中资制造业为当地创造了大量就业。中国企业已为非洲提供了大量就业岗位和技能培训机会，仅麦肯锡调查的1000多家样本企业的就业数量就达到30万人，其中有89%是非洲当地人，非洲本地管理人员在中资企业也占据一定的比例。如果按此推算，非洲全境的1万多家中国企业为当地创造的就业岗位达数百万。[①]

第三，非洲已开启工业化进程，制造业亮点国家凸显。中非产能合作促进了非洲制造业的发展，成果逐步显现。由于服务业增长较快，非洲第二产业和制造业的占比并未显著提升，但制造业增加值一直在保持稳步增长，部分国家工业化进程推进较快。从图1可以看出，2000—2018年，撒哈拉以南非洲地区制造业增加值总体呈现稳步上升趋势。根据世界银行数据计算，2018年撒哈拉以南非洲制造业附加值为2000年的3.3倍，年均增长率为6.8%，高于4.5%的GDP年均增速；若按2010年不变价格计算，2018年工业（含建筑业）附加值是2000年的1.8倍，年均增长3.5%。

从国别层面看，以埃塞俄比亚为代表的重点产能合作国家，制造业增速较快，制造业出口占商品出口的比重快速攀升。2000—2018年，埃塞俄比亚制造业附加值年均增速10.9%，出口产品中制造业产品比重从2010年的8.9%提高到2016年的12.5%。2000—2016年，刚果（布）制造业增加值平均增速达到9.4%，2007—2014年，刚果（布）出口产品中制造业占比从9.7%提高到36.7%。2000—2018年，乌干达、尼日利亚制造业增加值平均增速分别达到5.11%、4.5%，而2009—2018

---

① McKinsey & Company, *Dance of the lions and dragons: How are Africa and China engaging, and how will the partnership*, June 2017, p. 42.

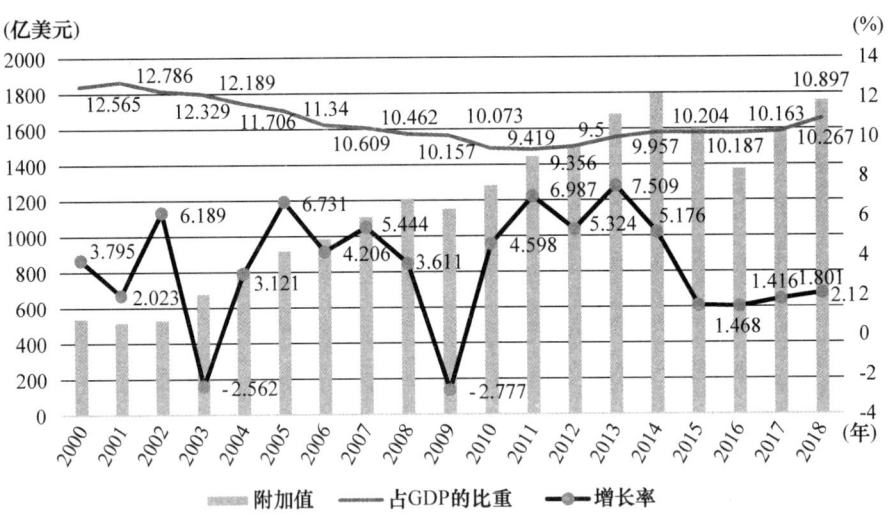

图 1　2000—2018 年撒哈拉以南非洲地区制造业发展走势

资料来源：世界银行数据库。

年科特迪瓦制造业附加值平均增速为 4.3%。

2. 立足于提升非洲农业保障能力的产业合作力度不断加大

一方面，非洲农业发展问题仍严重制约着非洲的可持续发展。近年来非洲农业转型势头良好，但大多数国家离现代化要求相差较远。中非农业合作无疑有助于非洲农业的发展，有些国家开始出现劳动力从农业向非农产业快速转移，农商业和下游粮食加工产业也开始发展，但由于中国对非洲农业投资存量过小，尚不能从本质上激活非洲农业发展的潜能。如图 2 所示尽管 2000—2018 年，撒哈拉以南非洲地区农业附加值总体呈现上升势头，但由于服务业增长较快，非洲农业在非洲大陆国内生产总值中的比重未升反降，从 2002 年的 20.5% 下降到 2018 年的 15.6%。2000—2018 年，非洲农业年均增速为 4.6%，与同期 GDP 增速（4.5%）基本持平。联合国粮农组织《2018 年非洲粮食安全和营养区域概况》显示，目前非洲仍有 2.57 亿人处于饥饿状态。全球经济困难、干旱、蝗灾、热带气旋、战乱等天灾人祸影响农业生产活动，非盟在 2025 年消除饥饿的目标遭到严峻挑战，非洲农业现代化征程任重而道远。另一方面，农业发展对于解决非洲的贫困和饥饿问题非常重要，自然成为中非产能合作不可或缺的重点领域。2000—2018 年，中非农产品贸易额由 6.5 亿美元增长到 69.2 亿美元，年均增长 14%，中国自非洲进口农产品贸易额年均增长 17.3%。截至 2018 年年底，中国对非洲农业投资存量超过 21.2 亿美元（折合 150 多亿元人民币），投资 500 万元人民币以上的农业项目有 115 个，遍布非洲 2/3 的国家。① 从多哥、马里"糖联"孕育的甜蜜事业，到马达加斯加、莫桑比克万亩稻田水稻的丰收；从苏丹、马拉维的棉花生产加工，到刚果（金）水稻、棕榈油生态农场；中非农业合作硕果累累。

中国对非洲农业合作坚持注重采取"授人以渔"的方式，以帮助非洲提升农业发展内生动力。中国与 12 个非洲国家的农业科研机构进行合作，在 19 个非洲国家建成农业技术示范中心，每年为非洲培训近万人次。在 10 个非洲国家实施农业"南南合作"项目，开展 300 多项农业技术试验示范活动，推广了一大批先进适用技术和装备。可见，中国企业在非洲农业的投资，带去了先进的生产技术和管理经验，拉动了当地农业生产、社会发展和人民收入水平的提高。

3. 产融合作积极推动农业合作深化

中非产业合作离不开金融机构提供的有效融资保障，这是

---

① 中国农业部网站：《首届中非农业合作论坛在三亚开幕》，2019 年 12 月 10 日，http://www.gov.cn/xinwen/2019-12/10/content_5459908.htm。

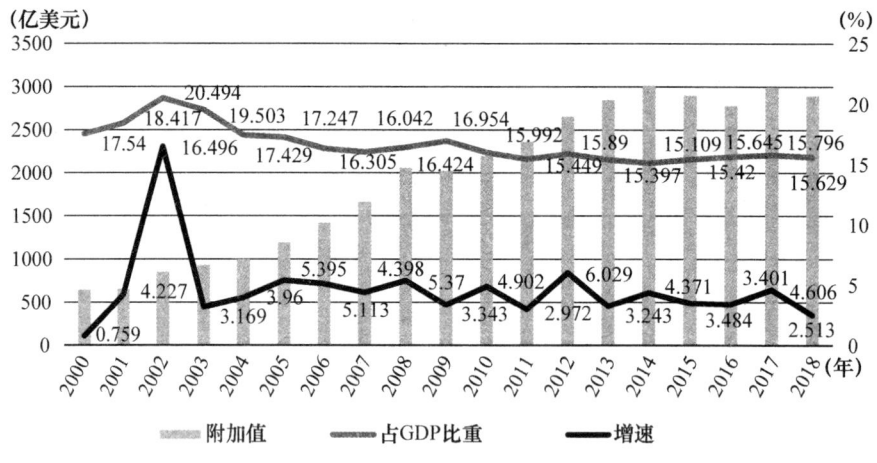

图 2　2000—2018 年撒哈拉以南非洲农业发展走势

资料来源：世界银行数据库。

中资企业根植非洲的"供血库"。在多年的对非洲投资实践中，中国创建了多样化的投融资支持体系。（1）中非发展基金、中非产能合作基金成为连接中国企业和非洲项目之间的重要桥梁，促进了中国企业走进非洲。成立于 2007 年 6 月的中非发展基金，在助力中国对非洲投资方面功效显著。截至 2018 年 7 月底，中非发展基金已经达到 100 亿美元的规模，累计对非洲 36 个国家、92 个项目决策投资 46 亿美元，带动了非洲国家 100 万人口就业，创造税收超过 10 亿美元，92 个决策投资项目全部实施后，预计撬动中国企业对非洲投资 230 亿美元。[①] 2016 年 4 月开始运作的中非产能合作基金是习近平主席于 2015 年 12 月在中非合作论坛约堡峰会上宣布成立的，首批资金规模为 100 亿美元。截至 2018 年年底，中非产能合作基金批准 17 个

---

① 石纪扬：《中非发展基金：以投资为纽带助力非洲工业化发展》，2018 年 12 月 21 日，https：//finance.jrj.com.cn/2018/08/21081924979110.shtml。

投资项目，批准投资额17.95亿美元，实际出资项目14.4亿美元，涉及或撬动项目总投资额近百亿美元，覆盖非洲10多个国家。①（2）政策性银行支持对非洲投资。主要措施包括向境外投资项目提供优惠贷款。国家开发银行已经向非洲43个国家提供投融资500亿美元。其中，非洲中小企业发展专项贷款总额度60亿美元，已覆盖非洲32个国家，累计承诺贷款42亿美元，发放20亿美元，直接为当地创造就业机会8.7万个②。（3）商业性金融机构的金融支持。主要包括提供商业性贷款；金融机构将分支机构设到企业境外投资密集地区；各类投资公司通过投资参股支持对非洲投资，并逐步建立投资公司与政策性银行之间的转融通渠道。中国工商银行向马拉维的中非棉业纺织厂、南非的北京汽车制造厂、几内亚的资源开发项目提供融资融智支持。

（二）开发中非合作潜力释放中非合作动能

包容性的可持续工业化是联合国2030年可持续发展议程的重要内容。非盟《2063年议程》明确提出非洲制造业和农业发展的目标和方向，包括到2063年非洲制造业占GDP比重达50%以上、吸纳50%以上新增劳动力；提高农业的现代化和高利润率，农业和食品在非洲内部的贸易量占总贸易量的比例提

---

① 王玉龙：《中非产能合作要优先解决"三个流"》，《21世纪经济报道》2018年12月24日。
② 刘勇：《国开行：已累计向非洲43个国家提供投融资超过500亿美元》，2018年10月11日，http://www.sohu.com/a/255051274_260616。

高至50%，减少粮食进口，消除饥饿和食物短缺等。中国工业、农业等产业门类齐全、体系完整，拥有适合非洲的实用技术设备和生产管理经验。中非双方产业发展梯次对接，合作前景广阔。在当前世界发展环境整体充满不确定背景下，中非积极开发合作潜力，释放合作动能，为世界的发展注入新动力。

第一，非洲国家吸引产业投资的能力在加大。其一，非洲国家的政策环境不断改善。非洲国家致力现代化，不仅有非盟《2063年议程》的宏观统领，而且有《非洲加速工业化发展行动计划》《非洲加速工业发展行动计划实施方案》的具体指导，为中非产业合作提供了便利。其二，非洲大陆自由贸易区的启动，有助于非洲国家碎片化的市场加快整合，非洲需求的逐步扩大化以及需求梯度层次的多样化，必将推动区域贸易投资的一体化和出口的多样化，为中国产业转移提供了广阔的空间。其三，较前改善的非洲基础设施，将为支撑非洲国家制造业、农业发展提供些许便利条件。其四，数字经济已成为非洲经济中最具活力和潜力的新兴产业，对经济增长发挥着日益明显的支撑作用。世界银行报告预计，数字革命每年可使撒哈拉以南非洲地区经济增长率提高1.95个百分点，贫困率降低0.96个百分点。[①] 未来，数字经济与非洲制造业、农业等传统产业的深度融合，必将催生新的商业模式，并促进非洲制造业、农业焕发新的生机。

第二，中国对非产业投资具备诸多有利条件。首先，中国制造业及中国农业具有突出的产业比较优势。其次，中国对非

---

① World Bank, *Africa's Pulse: An Analysis of Issues Shaping Africa's Economic Future*, Vol. 19, April 2019, p. 113.

洲经贸合作机制不断创新，且日益显效。2019年6月27—29日，首届中国—非洲经贸博览会在湖南长沙成功举办。该博览会旨在落实2018年9月中非合作论坛北京峰会的"八大行动"之首——产业促动的举措。该博览会紧扣中非合作论坛北京峰会的"八大行动"主线，围绕中非合作重点领域组织活动和展览，促成了项目合作和贸易成交，形成一批实实在在的合作成果和意向，累计签署合作协议81项，金额达201.2亿美元。博览会的推进机制取得阶段性成果，建立了案例方案征集推广机制，中非各界期待持续开展征集活动，加快复制推广进程。与乌干达签订了农业、矿业、园区、能源电力、旅游五大领域合作协议，与马达加斯加签订了农业合作协议。开通了长沙至肯尼亚内罗毕的直飞航线。上线了网上中非经贸博览会，让中非贸易更便捷。建成了对非经贸合作项目库，232个项目入库，金额突破千亿美元。探索开展了企业合作办会，一批"中国制造""湖南制造"充分展示。博览会的成功举办，开辟了地方省市举办国际性、国家级、常态化的对非经贸合作平台的新途径。尤其是未来中非经贸孵化园和对非产能与贸易合作平台的搭建，将吸引和推动中非地方政府、民营企业更多地参与到中非经贸合作中来。另外，首届中非农业合作论坛成果丰硕，凝聚中非共识的《中非农业合作三亚宣言》出台，将在农业规划、农业援助与技术、农业产业园等七个方面开启中非农业合作的新征程。

第三，中非融资融智共谋发展共识，不断探索新的合作模式。中非产业合作不仅有工业园区、农业示范中心等单一模式，还有"电—矿—冶—工—贸"联动综合发展模式。该模式是跨国家、跨行业、可操作、可实施的系统性方案，即整合非洲清洁能源与矿业资源优势，打造电力、采矿业、冶金、工业、贸易协同发展的产业链，实现"投资—开发—生产—出口—再投资"良性循环，全面提升非洲经济发展规模、质量和效益。具体而言就是以电为中心，推进清洁能源开发和电网互联互通；立足资源优势，推动矿产资源大规模开发和利用；提升矿产价值，构建具有比较优势的现代冶金工业；加快现代工业园区，打造支柱产业和特色优势产业；以贸促工、以工拓贸，推动原材料贸易向制成品贸易转变，提升国际贸易规模，促进非洲经济腾飞。目前，该方案已经得到埃及、布基纳法索、几内亚、刚果等多国总统的表态支持，实操前景广阔。

（三）合作建议

1. 以助力非洲工业化为导向，提高非洲"造血"功能

投资行业上，加大对制造业投入的比重。制造业是非洲最需要的产业，制造业对于提振出口、降低逆差、吸引外资、降低负债、增加就业和税收具有显著的效应。但由于非洲产业投资的基础设施条件太差，2000年以来，中国首先对非洲基础设施进行了大手笔的投资建设，在为非洲产业发展奠定良好基础的同时，也面临着较高的债务违约风险。而加大对非洲制造业的投入既不会助推非洲债务负担，还能提高非洲国家偿债能力。目前，中非合作来到了实施加大制造业投入，承接既有基础设施经济效能的战略机遇期。因为只有通过产业要素的流动来增加基础设施的运营，才能更好地发挥基础设施的使用效率和经

济效益。另外，部分非洲国家的制造业水平已有显著提升，较前具备了更好的制造业基础和承接能力。

投资项目上，向产业园区转移，不仅要新建，同时要加大财政扶持力度。境外园区已经成为中非产能合作的重要载体，承担着助力非洲工业化进程的使命。尤其在当前非洲国家的投资环境和营商环境仍然较差的背景下，要想鼓励更多的中国企业扎根非洲，就需要增设更多的产业园区作为招商引资的平台，隔离和规避当地发展环境中的各种风险因素，保护投资人利益。而目前非洲的制造业产业链不完善，集中在园区发展制造业可促进产业链的完善和配套产业的完善，有利于制造业集聚发展。值得指出的是，一些境外园区的建设与运营也面临着资金不足等的挑战。由于非洲境外园区的基础设施投入大、土地增值空间小等原因，往往出现政府和产业投资人盈利，而园区开发商亏损的情况，需要给予生存性缺口资助。基于境外园区对中非双方明显的准公益性，建议给予境外园区开发商必要的资金支持，支持园区建设运营可持续发展。

鼓励医药制造和医疗设备制造的投资，打造"非洲药房"。当前，非洲医药市场正面临着重大的历史机遇，表现在以下两个方面：一是非洲整体消费能力迅速提升，医药市场供需矛盾加剧；二是医疗卫生事业受到更多重视，出现产业本土化和监管标准一体化等新动向，医药商业环境日趋成熟。因此，中国政府和医药企业应抓住机遇拓展非洲医药市场。中国政府应积极鼓励中国医药龙头企业到非洲设立医药工业园区或大型医药生产基地，整合医药产品研发、生产、包装等上下游企业，积极拓展非洲市场；关注南非、埃及、肯尼亚、尼日利亚等主流医药市场国家，鼓励有实力的医药企业在非洲开展并购；发挥各类涉非洲基金的投资引领作用，联合国内医药企业及相关机构在非洲投资设立医药工业园区，整合上下游企业，抱团出海，加大非洲市场开拓力度。

2. 以协同农业现代化为导向，提升可持续发展能力

应加大对非洲农业合作的投入，协同非洲解决粮食安全和农业发展问题，使中国对非洲投资的相关产业平衡发展。近年来，天灾人祸导致非洲频现粮食危机，非盟发展农业政策也遭遇挑战，急需国际社会驰援。而2015年中国对非洲农业直接投资仅占对非洲直接投资存量的8%，位于采矿业、建筑业、金融业、制造业以及商务服务业之后。中国对非洲农业投资存量低的现实与众多非洲国家亟须资金发展农业和解决粮食安全的迫切需求极不对称，因此，中国政府应采取措施来逐渐改变中非农业合作中资金供给与需求严重错位的问题。只有照顾非洲关切，帮助非洲国家民众解决最基本的吃饭问题，才能进一步树立起负责任大国的形象。

将援助与投资有机结合、相互支撑，夯实农业合作的基础。目前中非农业合作仍以援助项目为主，而未来以投资为主乃大势所趋。但由于农业项目投入资金大、周期长、风险高的特点，中国对非洲的农业投资仍不能孤立进行。中国政府应继续发挥援助资金为投资项目开疆破土、保驾护航的作用，这样既可以保障项目执行的稳定性，在项目盈利拥有还贷能力的同时，也能保障经营的可持续性。首先，中国政府援助非洲的资金应重点支持正在或将要在非洲从事玉米、水稻、小麦、棉花等种植业投资的农企。其次，应引导和支持中国的食品和加工龙头企

业，以埃塞俄比亚、肯尼亚、乌干达、坦桑尼亚、津巴布韦、赞比亚、塞内加尔等国家为重点，通过在非洲建厂或直接进口咖啡、可可、坚果、水果等优质农产品，开展非洲农产品深加工或品牌化运作，并以此为契机，扩大农产品对华出口。再次，应推动中国农机、化肥走进非洲，鼓励和支持众多的中国农机、化肥企业通过联盟抱团的方式在非洲开设工厂或建立营销网络，扩大中国农机、化肥在非洲的影响力。最后，加强中非在重大跨境农业有害生物（蝗虫、猪瘟等）预警、监测和绿色防控技术人才的培养与经验交流，提升协同创新能力。总之，在投资开发非洲农业时，一定要将援助项目与农业投资项目密切结合，力保农业合作的长远发展。

加大资源整合力度，完善对非洲农业投资的政策扶持体系。中国政府应加大财政支持力度，支持农业企业既能走进非洲，也能扎根非洲。尝试将中国国内惠农政策向走进非洲的农业企业延伸，使其与国内农业享受同等的相关优惠政策，包括农机购置补贴、良种补贴、综合直补、种粮大户补贴、农资综合补贴等。金融政策方面，建议放宽农业开发项目的优惠贷款条件，开辟"内保外贷""内借外用"的贷款通道。税收政策方面，在严格审核的基础上，可以考虑允许企业对外投资合作的项目前期准备费用和成本直接抵扣，对海外汇回收益给予一定期限内的税收减免；借鉴美日等国经验，对到境外投资的中国企业采取延期纳税制度，对企业未汇回的国外投资所得暂不征税；扩大税收饶让范围，对于非洲国家为吸引中国企业投资而给予的减免税优惠，视为企业已经缴纳税款，允许从企业的应纳税额中抵扣。保险方面，鉴于农业合作项目的长周期、高风险，为保证项目的平稳进行，应创新险种，消除对非农业合作企业的后顾之忧。

3. 深入非洲经济的数字神经中枢，培育产业合作新亮点

悄然兴起的数字经济正在成为非洲经济发展的新动能。抓住这一新兴产业崛起的有利时机进行战略布局，意义重大。人口红利和互联网的普及将使非洲成为全球数字经济第三极；非洲数字经济将成为实体经济的数字神经中枢；互联网和手机是直达非洲人心的"直通车"；中非数字经济合作有利于中非实体经济更高效合作。因此，应全方位强化中非数字经济领域的合作。（1）加强中国数字经济企业和人才与尼日利亚、加纳、肯尼亚、乌干达、卢旺达、埃塞俄比亚、埃及、摩洛哥、南非等非洲数字经济重点国家企业与人才的双向交流。（2）面向优秀的非洲在华留学生开展数字经济培训；对于优秀的学员，回国后推荐到中国背景的数字经济企业工作。（3）在非洲数字经济发展较快的国家设立数字经济合作与创新中心，主要承担数字经济人才培训、数字经济项目孵化、中非数字经济企业交流、中方赴非考察调研支持服务、产业动态信息收集分析等职能。（4）重点参与金融科技、客流物流、信息流、交易平台、人才平台等的建设，鼓励企业以绿地投资、收买并购、合资合作等多种方式进行参与。（5）将中非数字经济合作列入2021年中非合作论坛重要议程之一，研讨中非数字经济合作的政策，建立数字经济合作常态工作机制，促进数字经济和实体经济的融合发展。

4. 进一步深化金融合作，为中非产业合作提供重要的融资支持

金融支持是中非加强产业合作的重要保障。尽管中非发展

基金、中非产能合作基金和非洲中小企业发展专项贷款等机构在引领中国企业赴非洲进行产能合作中有所建树，但随着非洲债务危机的重现，这些金融机构要创新既加大对企业的金融支持力度，又能防范违约风险的金融支持方式。构建立体化、国际化的中非投融资体系，促进中非资金良性大循环，应是涉非金融机构努力发展的方向。

三 "一带一路"倡议与非洲设施联通[*]

设施联通是中国与相关国家共建"一带一路"以及对非洲经济合作的重要内容,"一带一路"倡议提出以来,中非在基础设施互联互通方面的合作取得了丰富的成果。非洲《2063年议程》对基础设施互联互通的高度重视以及非洲一体化进程的稳步推进,为双方在设施联通领域合作的深化发展提供了新的着力点和更为广阔的舞台。然而,非洲国家经济发展出现的一些问题以及全球大国加大对非洲的重视力度,也为未来中非在设施联通领域深化合作提出了更高的要求。

(一) 中国与非洲设施联通合作的发展现状

"一带一路"倡议提出以来,中国与非洲众多国家在设施联通领域的合作稳步推进,互利共赢、共同发展的新格局日渐成型,在铁路、公路、航空、港口、电力、通信等诸多领域,标志性项目取得实质进展,也得到非洲国家各界的普遍好评。

---

[*] 刘冬,中国非洲研究院副研究员。

第一,铁路领域合作。近年来,中国铁路"走出去"步伐不断加快,已经成为推进"一带一路"建设的一张国家名片。而在非洲地区,一系列标杆性铁路工程建设项目稳步推进,有效提升了非洲国家的客运和货运能力,成为推动非洲国家经济发展的重要交通动脉。

在跨境铁路网的建设方面,由中国企业建设、连接埃塞俄比亚和吉布提两国首都的亚的斯亚贝巴—吉布提铁路(亚吉铁路)于2016年10月5日正式建成通车,线路全长751.7公里,设计时速120公里。该条线路是继坦赞铁路之后,中国在非洲修建的又一条跨国铁路,被誉为"新时期的坦赞铁路"。亚吉铁路同时也是中国海外首条集设计、设备采购、施工、监理和融资于一体的"中国化"铁路项目,也是铁路建设"中国标准"走向世界的标志性工程项目。

在非洲国家铁路动脉建设方面,东起肯尼亚东部港口蒙巴萨,西至首都内罗毕的蒙内铁路于2017年5月31日正式建成通车,线路全长420公里,设计客运时速120公里,货运时速80公里,设计运力2500万吨。蒙内铁路是中国帮助肯尼亚修建的一条全线采用中国标准的标轨铁路,是肯尼亚独立以来的最大基础设施建设项目,也是肯尼亚实现2030年国家发展愿景的"旗舰工程"。除蒙内铁路外,由中国公司承建,按照中国标准施工的全长487.5公里的肯尼亚内马铁路项目、全长1344公里的安哥拉本格拉铁路项目也都已建成通车。

第二,公路桥梁领域合作。公路桥梁建设是中国工程建设的传统优势项目,"一带一路"倡议提出后,中国工程承包企业在非洲各国承接建设了大量标杆性路桥建设项目,有效提升了非洲国家道路网络的联通性与便捷性，也彰显了中国在路桥建设方面的强大技术实力。

在东部非洲地区，由中建承建的坦桑尼亚尼雷尔大桥于2016年4月19日建成通车，该项目为双塔单索面斜拉桥，全长680米，主跨度200米，桥面宽32米，双向6车道，两侧有人行道，是撒哈拉以南非洲地区最大的斜拉式跨海大桥。而连接尼雷尔大桥的尼雷尔公路也成为坦桑尼亚第一条双向6车道的高等级公路。该项目的完成，也结束了当地几百年来全靠人工摆渡通过库拉希尼海湾的历史，有效缩短了两岸交通线。

在西部非洲地区，2016年12月8日，由中铁国际集团中国海外工程有限责任公司（以下简称"中海外"）承建的科特迪瓦科马边境公路项目通车。该公路南起波罗那镇，经腾格里拉市直达马里共和国边境。该公路通车标志着中国企业承建科特迪瓦的130公路项目全线竣工，而130公路项目是该国最大的基础设施建设项目——圣贝特罗港市综合开发项目的配套工程。130公路西南直通圣贝特罗港，北至马里，打通了沿线各地与外部的联系，并将该国西部的重要城市连为一体，对于该国改善了公路沿线交通状况，带动当地经济的快速发展起到了重要的拉动作用。

在南部非洲地区，2019年3月8日，由中国铁建承建的安哥拉120国道第三标段项目提前完工，该标段公路全长52.18公里，合同总价4420万美元，是连通安哥拉首都罗安达和第二大城市万博的国家公路网主要交通干道。该项目的竣工使两地通行时间缩短了4小时，极大地节省了公路沿线区域的物流运输成本，方便了当地民众出行。

在北部非洲地区，2019年7月6日，由中建阿尔及利亚公司和中建五局总承包公司联合承建的阿尔及利亚南北高速公路北段正式通车。该路段长约53公里，穿越阿特拉斯山脉，是南北高速公路施工难度最大的一段，阿尔及利亚最长、最大高速公路隧道和最长、最高桥梁都位于该路段，因而被誉为该国"条件最复杂、技术要求最高、施工难度最大"的地标性里程碑工程。该段工程竣工彰显了中国建筑企业卓越的技术水平，南北高速公路的贯通也有效地缓解了该国南北大动脉交通压力，带动了沿线地区的经济发展。

第三，民航港口领域合作。"一带一路"倡议提出以后，中国与非洲国家在民航、港口领域的合作获得快速发展，构建起中国与非洲国家空中、海上的立体联系网络。非洲国家机场、港口基础设施水平也得到显著提升。

在民航领域，根据"今日俄罗斯"电视台报道，2010—2019年，中非空中交通流量涨幅高达630%，双方每天直飞航班数量由不到1个增长至平均每天超过7个。2019年，中国和非洲之间的年航线数量多达2616个，年运力约为85万人次。① 而在直飞航班数量快速增长的同时，中国公司还积极参与埃塞俄比亚、肯尼亚、马里、毛里求斯、莫桑比克、尼日利亚、刚果共和国、多哥、塞拉利昂在内的多个非洲国家机场建设项目，帮助非洲国家提升民用航空基础设施水平。

而在港口合作方面，中国企业的足迹已遍布20多个非洲国家，"一带一路"倡议提出以后，中国在非洲参与建设和经营

---

① 新浪网：《中非航班十年猛增630%》，2019年8月4日，https://baijia hao. baidu. com/s? id = 1641117122325090343&wfr = spider&for = pc。

的主要港口项目有北非地区的苏丹港、阿尔及利亚舍尔沙勒港，东非地区的吉布提港、吉布提多哈雷港、厄立特里亚马萨瓦港、肯尼亚蒙巴萨港、坦桑尼亚达累斯萨拉姆港口，南非地区的莫桑比克马普托港，西非地区的几内亚科纳克里港、科特迪瓦阿比让港、尼日利亚洛美港等。

第四，电力和通信领域合作。在交通基础设施之外，"一带一路"倡议提出后，中国企业也积极参与非洲国家电力、通信等基础设施的建设。目前，中国已成为推动非洲电力技术设施建设的"关键角色"，并且为非洲国家通信基础设施建设做出了巨大贡献。

在电力方面，根据国际能源署发布的题为《促进撒哈拉以南非洲电力发展：中国的参与》的报告，仅在撒哈拉以南非洲地区，由中国企业参与，在2014年已经开工、预期到2024年前竣工的发电项目共有49个，总装机容量为9111兆瓦，占同期撒哈拉以南非洲地区装机总容量的20%。中国在非洲参与建设的电力项目主要是以水电项目为主，根据上述报告，在中国参与的49个发电项目中，25个为水电项目，装机容量为5764兆瓦，占到同期撒哈以南非洲水电装机总容量的61%。[1]"一带一路"倡议提出以后，中国在非洲承建的主要水电项目有苏丹上阿特巴拉水利枢纽电站项目、乌干达伊辛巴水电站项目等。在化石能源电站建设方面，中国在非洲参与的主要电站项目有中国—尼日尔古胡邦达重油发电站，埃及汉纳维清洁煤电项目等。而在

---

[1] 能源评论：《〈促进撒哈拉以南非洲电力发展：中国的参与〉报告发布：中企承建的电力项目将超过200个》，2016年7月26日，http://news.bjx.com.cn/html/20160726/755137.shtml。

新能源发电方面，中国在非洲参与的主要项目有摩洛哥努奥二期和三期光热电站项目、肯尼亚加萨利光伏电站项目等。

在通信领域方面，在"一带一路"的政策支持下，中国各类通信企业也在积极拓展非洲市场。2015 年，中国与非洲达成"十大合作计划"后，中非发展基金有限公司、中国通信服务股份有限公司及烽火科技集团公司共同签署了"关于在非洲电信开展投资合作"，正式启动中非共建非洲信息高速公路项目。该项目旨在联合政府、企业和机构，以及多种合作模式，共同投资、建设、运营连通非洲各国的"八纵八横"光缆骨干网以及连通中国与非洲的直达光缆。在通信终端设备方面，来自中国深圳的传音手机已成为非洲市场的主导品牌，在非洲市场占有率遥遥领先，2018 年，在非洲市场占有率高达 48.7%。[①] 而四达集团在非洲发起的"万村通"项目的具体实施，也极大地推动了非洲广播电视数字化，使普通的非洲家庭也能够获得买得起、看得起、看得好的数字电视节目。[②]

（二）中国与非洲设施联通合作的发展机遇

在谋求经济发展和人民生活水平提升方面，非洲各国已经充分认识到现代化基础设施以及可持续性能源解决方案是实现

[①] 新浪网：《称霸非洲的传音手机有多牛？看看48%的占有率就知道了》，2019 年 10 月 10 日，http：//finance.sina.com.cn/stock/relnews/cn/2019-10-10/doc-iicezzrr1171414.shtml。

[②] 百度网：《四达助力非洲卫星电视"万村通"：让非洲普通家庭看得好数字电视》，2018 年 9 月 1 日，https：//baijiahao.baidu.com/s?id=1610382434627632862&wfr=spider&for=pc。

非洲大陆转型的关键。2015年,非盟制定的《2063年议程》也将加速能源与基础设施建设作为促进非洲大陆发展的重要举措,并推出许多与基础设施、能源相关的大型旗舰项目。由非洲发展计划协调机构、非洲发展银行及联合国非洲经济委员会等机构发起组织实施的,总耗资高达3600亿美元的《非洲基础设施发展项目》(PIDA)也制定了十分详尽的交通、电力、信息与通信技术设施建设规划。而非洲国家推出的相关政策也为中国与非洲设施联通合作深化发展提供了更为宽广的舞台。

第一,交通基础设施领域。《非洲基础设施发展项目》认为,2015—2040年,非洲货物运输量将会增长7倍,达到36亿吨,而货物运输需求的快速发展,也对公路、铁路、港口等交通基础设施建设提出了较高的需求。在港口基础设施方面,《非洲基础设施发展项目》认为,2040年以前,非洲港口吞吐量将会保持年均5.8%—7.8%的高速增长,即使西非地区特马港、拉各斯港、东非地区蒙巴萨港、南非地区莫桑比克港等重要港口的扩建计划在2020年以前顺利完成,如果没有新建港口的投入运营和重要港口的继续扩建,非洲地区的港口基础设施将无法满足快速增长的货物贸易需求。

在铁路、公路等陆上交通基础设施方面,《非洲基础设施发展项目》认为,到2040年,非洲地区铁路运力需求将会达到1000万吨,为满足快速增长的运力需求,非洲区域交通设施网络(ARTIN)确立的11个跨境铁路需在2040年前通过扩建和升级来提高运输效率和运力。在公路网建设方面,《非洲基础设施发展项目》计划在2040年前建成穿越撒哈拉沙漠,连接埃及与东非地区的公路网络,并提出要对现有公路进行升级,以便提升公路通行效率。

在民航方面,《非洲基础设施发展项目》认为,到2040年,南非约翰内斯堡机场和埃及开罗机场的年客流人数将会超过1000万人次,此外还有7个机场的年客流量将会超过300万人次。由于机场客流量快速增加,非洲国家在机场等民航基础设施方面需面对巨大的扩建和增建需求。

第二,电力基础设施领域。非洲大陆工业制造业的发展和人民生活水平的提升离不开稳定的电力供应。《非洲基础设施发展项目》认为,非洲大陆电力需求将会保持年均5.7%的高速增长,2040年,非洲大陆电力需求将会达到3188亿千瓦。人均电力需求也将会从2011年的612千瓦增长至1757千瓦。为应对电力需求的快速增加,《非洲基础设施发展项目》确立了很多大型电力项目,包括最大装机容量可达43200兆瓦的刚果河英戈(INGA)水电项目、装机容量接近6000兆瓦的埃塞俄比亚千禧(Millennium)水电项目、装机容量为2100千瓦的坦桑尼亚施蒂格勒峡谷大坝项目、装机容量为1600兆瓦的津巴布韦巴托卡(Batoka)大坝水电站项目等。

此外,《非洲基础设施发展项目》认识到非洲大陆水电、油气等能源资源分布的不均衡性,高度重视非洲大陆地区能源网络的建设,认为通过建立非洲统一电网体系,能够将总体发电成本降低17%,而发电成本的节约可为非洲国家带来每年高达330亿美元的收益。为促进非洲大陆能源资源优惠配置,《非洲基础设施发展项目》也提出要建设北非统一电网、尼日利亚—阿尔及利亚天然气管道、苏丹—埃塞俄比亚石油管道、南北输电走廊、中部非洲统一电网等跨国能源传输基础设施。

第三，信息与通信基础设施领域。在信息与通信基础设施方面，《2063年议程》提出的15个旗舰项目之一便有"建成泛非电子网络"。而《非洲基础设施发展项目》则是提出要创造有利的环境，使非洲大陆陆上光纤基础设施和因特网交换点覆盖所有非洲国家。为扩大各国带宽，要让每个非洲国家都配备两条不同的海底电缆。此外，该报告还提出要对非洲机场空管系统进行改造升级，为机场配备卫星通信系统。

根据非盟《2063年议程》《非洲基础设施发展项目》等政策文件，非洲国家将交通、能源、信息通信等基础设施看作是非洲大陆发展不可或缺的重要一环。而在建设一体化高铁网络、建设统一的非洲空中运输市场、建成泛非电子网络等《2063年议程》确立的旗舰型基础设施的带动下以及在《非洲基础设施发展项目》确定的各类基础设施建设项目的稳步推进下，中国与非洲国家在基础设施领域合作也将会继续发展与深化。

（三）中国与非洲设施联通合作的发展挑战

非洲国家已经充分认识到基础设施匮乏对经济发展的重要制约，根据非盟出台的《2063年议程》以及其他相关文件，基础设施建设已经成为非洲国家经济增长的重要驱动力，2019年11月，非洲发展银行决定增资1150亿美元，用于投资非洲基础设施项目，以支持非洲大陆自贸区建设并带动私人投资。但在中非基础设施互联互通合作机会增多的同时，非洲国家经济发展与诉求的变化，以及大国对非洲关注的增加，也给未来双方合作带来许多挑战。主要表现在以下三个方面。

第一，非洲国家提高项目融资需求加大项目投资难度。尽管非洲开发银行等地区金融机构、非洲各国政府投入大量资金发展国内基础设施。然而，大多数非洲国家都存在资本匮乏的问题，如果仅是依靠政府部门和政策性金融机构的投入，很多重点基础设施建设项目的进度必然会大幅延后。因此，非洲国家已开始重视私人部门和外资对基础设施建设项目的参与。近些年，非洲国家推出具有带资承包性质的工程承包项目，例如，以建设—经营—转让（BOT）、政府和社会资本合作（PPP）等由私人部门提供资金，项目风险由项目投资方和政府分担性质的合同模式占比已越来越高。而基础设施项目具有初期投资大、回收周期长的特点，非洲国家对基础设施建设项目提出的融资需求，必然也会加大未来中国在非洲工程承包项目的投资难度。

第二，非洲工程承包市场竞争程度日趋激烈。近些年来，美国、欧盟、日本等全球主要经济体已开始加大对非洲国家的贷款规模，并且开始重返非洲工程承包市场。而韩国、巴西、土耳其等国承包商在非洲中低端市场也与中国企业形成激烈竞争。

在中低端市场，近些年来，由于国内劳动力成本快速上升，国内工程企业在非洲项目已经开始大量雇佣外籍劳动力，中国与韩国、巴西、土耳其等国的同类企业已基本处于同一竞争水平，而从2018年以来，土耳其、巴西等新兴经济体货币大幅贬值又进一步提升了相关国家工程承包企业的国际竞争力，也使中国同类企业在非洲市场遭遇到更为激烈的竞争。

在高端市场上，中国工程设计建造规范、标准在非洲的推广本来就难度较大。而近年来，非洲国家为提高项目透明度，越来越重视工程项目的国际招标,例如,莫桑比克在 2019 年举行的石油开采第六轮招标活动中,便是依照新出台的《竞争法》,通过莫桑比克国家石油公司在伦敦向全球企业发布招标。南非、博茨瓦纳、赞比亚等国也都在采取措施,推动大型工程项目招标的透明化与国际化。非洲国家出台的上述政策,也在一定程度上增大了中国标准在非洲推进的难度。

第三,在非洲承包项目的投资风险显著增加。近些年,阿尔及利亚、安哥拉等资源大国受石油、天然气等大宗商品价格下跌影响,财政平衡受到巨大冲击,支付能力被严重削弱。此外,还有很多非洲国家集中进入债务还款期。且非洲国家经济政策和法律法规变更频繁,法律保障性差。非洲国家宏观经济环境出现的上述变化,也意味着中国工程企业在非洲承接项目所需面临的东道国政策变动风险显著增大。一方面,在非洲承接项目出现工程款拖欠及利润汇出受阻的风险显著提高;另一方面,一些非洲国家宏观经济失衡导致货币贬值,也有可能使中国在非洲开展业务的工程企业承受较高的汇率波动风险。

四 "一带一路"倡议与非洲贸易便利[*]

贸易便利化（Trade Facilitation），就是国际贸易流程的简化、现代化和协调化，以及交通和电信基础设施的便捷化和效率提升，已经成为世界贸易体系的关键问题。贸易便利化旨在提升国际货物跨境流通的效率，降低跨境贸易的交易成本，提升交易程序的便捷度，促进交易程序和交易环境更加标准、公开和透明，从而推动国际货物贸易的发展。[①]

贸易畅通是共建"一带一路"的重要内容。"一带一路"倡议致力于推动相关国家贸易便利化水平的提升，促进各国经济联系更加紧密，政治互信更加深入。中国和非洲国家的经济互补性较强，合作潜力和空间很大。中非贸易合作是"一带一路"建设的重点内容，提升非洲贸易便利化水平，降低跨境贸易成本，构建良好的营商环境，有助于释放中非贸易合作的巨大潜力，推动中非合作的可持续发展。

---

[*] 朴英姬，中国非洲研究院副研究员。
[①] 史耀波、赵欣欣、薛伟贤：《贸易便利化实践进展：国际比较及经验借鉴》，《国际经济合作》2017年第8期。

（一）"一带一路"倡议推动非洲贸易便利化的总体现状

非洲是"一带一路"的重要参与方。中非共建"一带一路"能够为非洲发展提供更多资源和手段，拓展更广阔的市场空间，提供更多元化的发展前景。具体来说，在"一带一路"倡议下提升非洲贸易便利化水平主要体现在以下方面。

第一，"一带一路"倡议推动非洲改善基础设施赤字和提高贸易物流效率，降低跨境贸易成本，促进非洲贸易便利化。在非洲，基础设施薄弱和贸易物流低效导致的贸易成本最高，严重制约了非洲贸易便利化水平的提升。非洲国家的基础设施水平普遍落后于世界平均水平和发展中国家水平。基础设施互联互通是"一带一路"建设的优先领域。加强在非洲基础设施互联互通领域的合作是中非共建"一带一路"的重要关注。迄今为止，中国参与建设的非洲"四纵六横"铁路网和"三纵六横"公路网都取得了实质性进展，主要包括亚吉铁路、蒙内铁路、亚的斯亚贝巴—埃及开罗公路等旗舰项目。在"一带一路"倡议下，中国企业通过改善非洲大陆基础设施的互联互通状况，降低了非洲跨境贸易成本，促进非洲贸易便利化。

在非洲，贸易物流低效主要表现在过境贸易的烦琐程序和时间延迟造成的高昂交易成本。例如，非洲国家港口设施运作的低效率导致集装箱停留时间长、船舶通关延迟，加之冗长的文件处理耗费的时间，使得非洲国家过境贸易成本高昂。在"一带一路"倡议和中非合作论坛机制下，中国政府加强了和非洲国家的海关合作，改善非洲国家海关基础设施，帮助非洲国家提高通关效率，并对非洲国家的海关人员、贸易促进人员进行了培训。例如，2016—2018年，中国针对非洲国家的不同需求，为非洲国家实施了50个促进贸易援助项目，包括能力建设，升级海关商检设施、交通运输设施和提供相关物资设备等，帮助非洲国家降低跨境贸易成本，提升非洲贸易便利化水平。

第二，"一带一路"倡议有助于推动多元贸易合作机制的建立，为提升非洲贸易便利化水平创建一系列平台和制度支持。为推动中非共建"一带一路"的贸易畅通，中国与非洲国家签署了多个双边协议。2017年5月，中国政府与肯尼亚、埃塞俄比亚等30个国家政府签署了经贸合作协议，中国国家质量监督检验检疫总局与坦桑尼亚等国相关部门签署了检验检疫合作协议。2017年9月，中国与肯尼亚签署了避免双重征税和防止逃避税的协定。[①] 2019年11月，中国和塞舌尔签署了《关于塞舌尔输华野生海捕水产品的检验检疫和兽医卫生要求议定书》，这是中塞两国在海关检验检疫领域的首份合作文件。

2017年5月，中国政府发布《推进"一带一路"贸易畅通合作倡议》，强调中方愿意通过促进贸易便利化、发展新业态、促进服务贸易合作，推动和扩大贸易往来。中方愿意继续扩大市场开放，实施积极进口政策，为更多外国产品进入中国市场提供便利。在此倡议下，中国于2018年11月举办首届中国国际进口博览会，来自非洲30多个国家的100多家非洲企业参展，致力于开拓中国市场，寻求合作机遇。2019年11月，第

[①] 徐国庆：《"一带一路"倡议与中非关系发展》，《晋阳学刊》2018年第6期。

二届中国国际进口博览会召开,来自南非、安哥拉、莫桑比克、尼日利亚、乌干达、肯尼亚等非洲国家的企业代表参加。

2019年6月,首届中国—非洲经贸博览会在湖南省长沙市举办,聚焦贸易促进、投资推介、农业技术、能源电力、合作园区、基础设施及融资合作等重点领域。肯尼亚的红茶、南非的红酒、加纳的可可等非洲产品在博览会上广受欢迎。中国—非洲经贸博览会由中国商务部和湖南省人民政府共同举办,每两年举办一届。

值得关注的是,2019年10月,中国与毛里求斯签署自由贸易协定,这是中国与非洲国家商签的首个自贸协定,为深化两国经贸关系提供了更有力的制度保障,也提升了双边贸易投资自由化、便利化水平。该协定涵盖货物贸易、服务贸易、投资、经济合作等内容。在货物贸易领域,中方和毛里求斯最终实现零关税的产品税目比例分别达到96.3%和94.2%,占对方进口总额的比例均为92.8%。在服务贸易领域,双方承诺开放的分部门均超过100个。[①] 由上可知,在中非共建"一带一路"的背景下,中非贸易合作机制更加多元化,为提升非洲贸易便利化水平创建了一系列的平台和制度支持,有助于促进中非贸易合作的深入发展。

第三,"一带一路"倡议推动跨境电子商务的发展壮大,成为提升非洲贸易便利化水平的新兴力量。当前,跨境电子商务等新业态、新模式正成为推动"一带一路"贸易畅通的重要

---

① 商务部新闻办公室:《中国与毛里求斯签署自由贸易协定》,2019年10月1日,http://fta.mofcom.gov.cn/article/zhengwugk/201910/41642_1.html。

新生力量。尽管非洲的电子商务发展相对滞后,但具备广阔的发展前景。非洲电信基础设施日益改善,智能手机用户增长迅速。中国政府重视推动中非电子商务合作,将其视为提升非洲贸易和投资便利化的重要手段。在"一带一路"倡议的支持下,中非跨境电商合作发展迅猛。2014年,中国商人在肯尼亚创办了电商平台Kilimall,专门服务非洲市场,已有几千家供货商入驻这一平台,为非洲消费者提供线上商品。除了把中国商品销往非洲以外,咖啡豆、鲜花、干果、红酒等非洲产品也在平台上销售,供中国消费者直接购买。

2017年3月,"中非全供应链综合服务跨境电商平台"上线,为中国对非洲的贸易畅通和信息互通提供便利。2018年6月,在中国有关部门及相关协会的指导与支持下,"中非跨境电子商务平台",即中非网正式上线,为中非电商贸易提供海关、支付等各种便利与安全保障。[①] 2018年10月27日,南非—中国跨境电商协会与中国服务贸易协会在南非约翰内斯堡签署了《共同推动中南跨境电商合作协议》,推动了中国和南非跨境电商合作的机制化。由上可知,随着"一带一路"跨境电子商务合作的蓬勃兴起,中非跨境电商合作已经成为提升非洲贸易便利化的新兴力量。

第四,在"一带一路"倡议下中国采取多项举措,为非洲对华出口产品提供便利,扩大从非洲的进口规模。在"一带一路"倡议和中非合作论坛机制下,中国采取了多项举措为非洲对华出口产品提供便利,致力于扩大从非洲国家的进口规模。

[①] 刘晓春、李梦雪:《中非跨境电商蓬勃发展挑战亦需警惕》,《中国对外贸易》2018年第9期。

中国已经对建交的33个最不发达非洲国家97%的税目输华产品实施零关税待遇，中国自非洲进口的关税壁垒已经削减到极低水平。通过中国和非洲国家海关和质检部门的沟通合作，南非牛肉、玉米、烟叶、葡萄、柑橘，坦桑尼亚水产品、木薯干，马达加斯加斑节对虾，埃及鲜食葡萄，纳米比亚牛肉等农产品已经实现输华检疫准入，为扩大非洲特色农产品对华出口创造了便利条件。据统计，2018年中国从非洲进口农产品达到了34.7亿美元，同比增长21%。[①]

中国支持非洲国家参加中国国际进口博览会，并免除非洲最不发达国家的参展费用，为非洲产品对华出口提供便利。为吸引非洲产品对华出口，截至2018年，义乌的非洲产品展销中心已经汇集了50多个非洲国家的产品，中国企业能够通过展销中心，全面了解非洲产品，并依托义乌发达的市场网络，将非洲产品销往全国各地。[②]

此外，中国还通过组织贸易促进团访问非洲，举办非洲产品专题推介会、贸易投资洽谈会和中非品牌面对面等活动，帮助非洲国家产品进入中国市场。例如，2018年7月，中国贸易促进会组织贸易投资促进团访问吉布提、埃塞俄比亚和乌干达三国。2019年8月，山东省贸易促进会组织山东经贸代表团访问坦桑尼亚、埃塞俄比亚和加纳三国。在北京、广州、上海等地都举办过专题的非洲产品推介会。2019年6月，非洲16国

[①] 田伊霖、武芳：《推进中非贸易高质量发展的思考——2018年中非贸易状况分析及政策建议》，《国际贸易》2019年第6期。

[②] 陈希沧：《中非合作论坛机制下中非贸易发展及特点研究》，《宁夏社会科学》2019年第4期。

广西采购投资洽谈会在南宁举办，这是由广西贸促会与非洲联盟、中非中小企业联盟、布基纳法索驻华大使馆、埃塞俄比亚驻华大使馆等机构共同主办的洽谈会。洽谈会现场达成建材、机电、矿山机械等7个行业意向贸易投资签约额约8000万美元。2019年8月，中国贸易促进会在北京与津巴布韦驻华大使馆共同举办了"中非品牌面对面：中国—津巴布韦农业合作论坛"，在此期间还举办了津巴布韦农副产品展示品鉴活动及企业对接洽谈会。由上可知，中国重视扩大非洲输华产品规模，并采取多项举措为非洲对华出口产品提供便利，致力于让更多非洲产品享受到中国大市场的红利。

（二）"一带一路"倡议推动非洲贸易便利化的机遇

贸易在中非合作中具有基础性地位，中国已经连续十年成为非洲第一大贸易伙伴国。中国与非洲国家在经济发展阶段和产业结构等方面具有较强的互补性，双边贸易合作的增长潜力巨大。在2018年9月召开的中非合作论坛北京峰会上，中国政府明确表示将推动中非经贸合作与"一带一路"倡议深度对接，打造更加紧密的中非命运共同体。"一带一路"倡议为推动非洲贸易便利化水平提供了新契机。

第一，"一带一路"倡议重视推动中非产业园区建设，这有助于强化中国对非洲投资和非洲对外贸易的联动效应，提升非洲贸易便利化水平。《推进"一带一路"贸易畅通合作倡议》指出，参与方将加强投资与贸易的联动，以投资带动贸易，中方愿意深化与有关国家和地区的投资合作。2018年中非合作论坛北京峰会上,中国政府强调将加强对非洲经济特区、产业园区的支持力度,支持中国民营企业在非洲建设工业园区、开展技术转让,提升非洲经济多元化水平和自主发展能力。

迄今为止,在中非合作论坛框架下建立了六个国家级境外经贸合作区,中国地方政府和企业在非洲国家建立了数十个各种形式的产业园区。中非共建产业园主要分为五类,分别为出口自由区、自由贸易区、自由转口区、经贸合作区和高新技术产业开发区,园区生产的产品主要出口国际市场和区域市场。[1] 多数产业园区由中方企业和非洲政府或企业联合投资成立,非洲参与方在此过程中发挥了重要作用,主要表现在园区优惠政策的制定和实施方面,因而出口导向的产业园区建设,有助于提升非洲贸易便利化水平,扩大非洲的对外贸易规模。

当前,中非共建产业园区已经成为中国对非洲投资的重要依托,推动了中国对非洲国家产业链整合投资的增长,中国在非洲投资的产业集聚效应逐步显现,形成了制造装备、轻工纺织、家用电器等多个产业群,提升了东道国工业化水平、产业配套和出口创汇能力。[2] 在"一带一路"倡议和中非合作论坛机制下,中国政府将继续鼓励中国企业扩大对非投资,新建和升级产业园区,这有助于强化中国对非洲投资和非洲对外贸易的联动效应,提升非洲贸易便利化水平,增强非洲内生增长

---

[1] 王洪一:《中非共建产业园:历程、问题与解决思路》,《国际问题研究》2019年第1期。

[2] 中国新闻网:《商务部:中国已连续十年成为非洲第一大贸易伙伴国》,2019年6月4日,http://www.chinanews.com/cj/2019/06-04/8855720.shtml。

动力。

第二,"一带一路"倡议重视推动非洲大陆自由贸易区的建设,这有助于提升非洲贸易便利化水平,促进非洲区域贸易的大幅增长。非洲大陆自由贸易区的建立旨在通过更有效地利用非洲区域贸易增长作为经济结构转型和可持续发展的重要引擎,推动实现《2063年议程》的"繁荣、和平和一体化非洲"发展愿景。当前非洲区域内贸易额占对外贸易总额的比重还不足20%。从非洲大陆的市场规模、要素禀赋和商业环境来说,当前非洲区域内贸易规模尚未达到潜在的最高水平,这主要源于区内贸易成本高昂、非洲国家的生产能力薄弱和经济多样化程度低等因素的影响。

在2018年9月中非合作论坛北京峰会上,中方承诺同非洲国家加强发展战略对接,为中非合作共赢、共同发展注入新动力。中国政府明确支持非洲大陆自由贸易区的建设尽早取得成果,并将加强与非洲联盟和非洲次区域组织的战略对接,探讨扩大非洲大陆自由贸易区建设的合作领域,深化务实合作。中国政府将与非洲联盟启动编制《中非基础设施合作规划》,支持中国企业参与非洲基础设施建设。中国政府还将继续鼓励中国企业扩大对非洲投资,特别是在制造业、农业、金融服务、商贸物流和数字经济等传统及新兴领域,促进非洲国家生产能力和经济多元化水平的提升。中国政府将继续与非洲国家加强市场监管及海关方面的交流合作,与非方深化在标准推广、市场准入、人员培训、海关商检设施升级、动植物检验检疫技术交流、建设一站式通关系统和检验检疫实验室等方面的合作,促进非洲跨境贸易的便捷化和效率提升。

综上所述,未来中非合作将通过改善非洲大陆基础设施互联互通状况、加强与非洲国家在市场监管和海关管理的合作,以及增强非洲国家的生产能力和经济多元化水平等方面,提升非洲贸易便利化水平,推动非洲大陆自由贸易区建设取得预期成效。

第三,"一带一路"倡议下中国致力于与非洲国家开展自由贸易谈判,这有助于提升非洲贸易便利化水平,为深化中非贸易合作构建更有利的制度环境。"一带一路"是开放之路,共建"一带一路"坚持普惠共赢,打造开放型合作平台,推动形成开放型世界经济。中国支持、维护和加强基于规则的,开放、透明、包容、非歧视的多边贸易体制,促进贸易投资自由化便利化,与沿线国家共建高标准自由贸易区,推动经济全球化健康发展。[①] 2019年中国与毛里求斯签署的自由贸易协定,实现了"全面、高水平、互惠"的谈判目标。该协定不仅为增强双边经贸关系提供了更有力的制度保障,更为中非全面战略合作伙伴关系赋予了全新的形式和内容,推动"一带一路"倡议下中国与非洲国家形成更加紧密的利益共同体。中毛自贸协定为中国与非洲国家开展自由贸易谈判提供了可资借鉴的成功经验,有利于在"一带一路"倡议下与其他非洲国家和区域组织开展自贸谈判。

中国坚定支持以世界贸易组织为核心的多边贸易体系。在"一带一路"倡议和中非合作论坛机制下,中国将致力于与非

---

① 推进"一带一路"建设工作领导小组办公室:《共建"一带一路"倡议:进展、贡献与展望》,2019年4月22日,http://www.xinhuanet.com/world/2019-04/22/c_1124400071.htm。

洲国家在世界贸易组织框架下加强合作，共同推动贸易投资自由化、便利化进程。未来，中国政府将继续与非洲有意愿的国家或区域组织开展自由贸易协定谈判，促进非洲贸易便利化水平的提升，为深化中非贸易合作构建更有利的制度环境。

第四，"一带一路"倡议积极推动中非电子商务合作，跨境电商合作将会成为中非贸易合作的重要力量，并推动非洲贸易便利化水平的提升。"一带一路"是创新之路，共建"一带一路"将成为沿线国家创新发展的新平台，成为沿线国家实现跨越式发展的驱动力，成为世界经济发展的新动能。当今世界正在经历一场更大范围、更深层次的科技革命和产业变革，现代信息技术不断取得突破，数字经济蓬勃发展，各国利益更加紧密相连。共建"一带一路"推动大数据、云计算、智慧城市建设，连接成21世纪的数字丝绸之路。[1]

近年来，中国电子商务交易规模迅猛增长，网络零售规模已居世界首位，成为经济增长的新动力。在"一带一路"倡议下，"丝路电商"合作蓬勃兴起，中国与17个国家建立了双边电子商务合作机制，在金砖国家等多边机制下形成电子商务合作文件。随着信息通信等基础设施条件不断改善，非洲国家电子商务发展空间广阔。当前，电子商务交易模式在非洲市场逐步盛行起来，其中在尼日利亚、埃及、肯尼亚和南非等国发展较快。[2] 近几年，利用跨境电子商务平台对接中国和非洲国家

---

[1] 推进"一带一路"建设工作领导小组办公室：《共建"一带一路"倡议：进展、贡献与展望》，2019年4月22日，http://www.xinhuanet.com/world/2019-04/22/c_1124400071.htm。

[2] 黄玉沛：《中非共建"数字丝绸之路"：机遇、挑战与路径选择》，《国际问题研究》2019年第4期。

的产品和需求，是双方业界人士积极探索的新兴领域。迄今为止，中国已与埃及、南非、卢旺达等非洲国家签署了电子商务领域的合作文件。中非电商合作正在走向机制化。2018年中国电商巨头阿里巴巴与卢旺达政府签署协议，宣布共同建立世界电子贸易平台，其目标是打造物流、支付、通关、数据一体化的数据中心，构建电子贸易完整生态。未来，在"一带一路"倡议下中非电子商务合作将保持快速增长态势，并有望成为中非贸易合作的重要力量，这有助于提升非洲贸易便利化水平，推动中非贸易合作的深入发展。

（三）推动非洲贸易便利化的发展挑战

从发展趋势来说，中国政府将以中非共建"一带一路"为统领，以落实中非合作论坛务实举措为主线，以支持非洲培育内生增长能力为重点，与非洲国家携手并进，共同推动新时代中非经贸合作的转型升级。未来，在"一带一路"倡议下推动非洲贸易便利化水平应重点关注以下挑战，并采取合理有效的应对措施，促进中非贸易合作的转型升级。

第一，非洲工业化水平低，制成品出口竞争力低，难以充分利用中国市场开放的优惠政策，扩大对华制成品出口。尽管中国对33个非洲最不发达国家97%的税目输华产品实行零关税的优惠政策，涉及的产品包括动植物产品、纺织、石油、矿产品等八千多种商品，然而中国从非洲进口产品类别仍然以能源矿产品为主，制成品占比较低。这是由于非洲工业化水平低，制成品在中国市场上缺乏竞争力，这使得非洲国家难以充分利用中国市场开放的优惠政策,扩大制成品对华出口,难以充分发挥以中非贸易增长促进非洲工业化的发展潜力。

"一带一路"倡议和中非合作论坛北京峰会的"八大行动",均旨在提高非洲自主发展能力,而加快非洲工业化进程无疑是重要环节。非洲联盟《2063年议程》提出了到2063年非洲制造业产值占国内生产总值比重超过50%的发展目标。经过多年发展,中国工业化取得了显著的成就,工业门类齐全、体系完整,拥有适合非洲的实用技术设备和生产管理经验。为充分发挥以中非贸易增长推动非洲工业化进程的作用,未来中国政府应继续鼓励中国企业扩大对非洲投资,特别是对经贸合作区和产业园区的投资,以加快非洲工业化进程,增强非洲对华制成品出口竞争力,提升非洲内生增长能力,促进中非贸易合作的转型升级。

第二,中国和非洲国家在产品加工、计量、认证、检验检疫等方面的标准不对接,增加了双边贸易的非关税壁垒。当前,中国和非洲国家在贸易合作中普遍存在标准不对接的问题,双方在产品加工、计量、认证、检验检疫等使用不同的标准,增加了双边贸易的非关税壁垒。中国和非洲国家关于标准协调互认方面的合作严重滞后。例如,中国是世界上最大的木薯进口国,尼日利亚是世界上木薯产量最大的国家,但是由于尼日利亚企业加工木薯干的技术和标准无法满足中国市场对木薯干制品的进口标准,加之尼日利亚企业对木薯干的海运包装、水分含量控制和质量控制技术等均难以达到中国标准的要求,因而无法大规模进入中国市场。[1]

---

[1] 武芳、姜菲菲:《扩大自非洲进口的政策思考》,《国际贸易》2018年第6期。

随着中非贸易规模的显著提升，促进中非贸易合作便利化成为深化中非贸易合作的重点领域。未来，在产品计量、加工、认证、检验检疫等方面的标准协调互认，应作为提升中非贸易合作便利化的重要着力点，以降低双边贸易的非关税壁垒，提升贸易便利化水平。为推动"一带一路"倡议下的贸易联通，以及落实中非合作论坛北京峰会的贸易便利行动，中国有必要加强与非洲国家在标准协调互认方面的合作，如加强与非洲国家的计量部门商签合作协议，加强与非洲国家的农产品检验检疫合作，加快和优化农产品检疫准入流程等，以扩大和便利双方贸易往来，促进中非贸易合作的转型升级。

第三，非洲基础设施薄弱，海关和过境管理滞后，导致跨境贸易成本居高不下，降低了非洲大陆自由贸易区推动非洲贸易便利化的效果。非洲大陆自由贸易区运行后，区内关税水平将大幅降低，配额、许可证、卫生和植物检验检疫措施、技术性贸易壁垒等典型的非关税贸易壁垒也将逐步降低，这些都有助于促进非洲贸易便利化水平的提升。然而非洲基础设施薄弱导致的运输和运营成本高昂，加之非洲国家复杂的海关和行政程序，以及其他跨境运输和交付货物的障碍导致的高昂交易成本，使得非洲大陆的贸易成本居高不下，这种状况将会导致非洲大陆自由贸易区推动非洲贸易便利化的效果大打折扣。

2005年世界贸易组织首次提出"促贸援助倡议"，旨在鼓励运用贸易手段促进发展中国家的减贫与发展。2018年中非合作论坛北京峰会上提出"八大行动"之一的贸易便利行动，就包括中国将为非洲实施50个贸易畅通项目，这就属于"促贸援助"范畴。① 未来在"一带一路"倡议下中国应加大对非洲国家促贸援助的力度,重点包括改善贸易有关的基础设施状况,支持海关、质检部门的现代化建设,加强海关商检设施升级、动植物检验检疫技术等,以提升非洲大陆自由贸易区推动非洲贸易便利化的效果,同时也促进中非贸易合作转型升级与非洲大陆自由贸易区建设的协调并进。

第四,非洲互联网普及率低、快递行业不发达,缺乏安全有效的金融支持,制约了非洲电子商务行业的快速发展。当前非洲国家电子商务发展缺乏坚实的基础设施和行业支撑。非洲国家电信基础设施落后,非洲平均互联网普及率仅为35%。非洲交通基础设施薄弱,物流运输不畅,仓储服务滞后,快递行业成本较高,难以提供可靠的服务和合理的价格,而且网上支付所需的信用卡等金融工具普及率低。跨境电商交易的重要环节之一是跨境支付,而非洲在这方面缺乏专业的技术和安全的金融系统。当前非洲国家的银行大部分不支持电子商务支付和结算。非洲大多数居民没有银行账户,许多人尤其是老年消费者群体习惯于货到付款方式,对网上支付的安全性和线上购买产品的质量缺乏信任感。② 总体来说,非洲尚未形成完整的电子商务发展的生态系统,这抑制了非洲电子商务行业的快速扩张。

近年来随着中国跨境电商的迅猛发展,国内跨境电商法律

---

① 宋微:《积极培育非洲市场——中国援助提升非洲的贸易能力》,《海外投资与出口信贷》2018 年第 6 期。
② 许小平、秦杰:《中非跨境电商的动力和阻碍探析》,《对外经贸实务》2018 年第 12 期。

制度不断完善，监管体系逐步健全，通关效率不断提升，贸易便利化水平不断提升。中国分别在杭州、天津和北京设立了35个跨境电商综合试验区，在跨境电商的交易、支付、物流、通关、退税、结汇等标准化建设和监管措施方面先行先试，通过制度创新、管理创新、服务创新破解跨境电商发展中的难题，已经初步形成一套适应跨境电商发展的政策框架。① 随着中非共建"一带一路"的深入推进，未来中国与非洲国家的跨境电商合作也将逐步深化。为推动中非跨境电商合作，中国政府应加速与非洲国家探讨建立中非电子商务合作机制，加强双方在政策协调、规划对接、经验分享、联合研究和人员培训等方面的交流合作；鼓励国内跨境电商综合试验区与非洲国家开展政策、技术和贸易标准对接，探索跨境电商物流新模式；鼓励中国企业按照市场原则与非洲开展电子商务合作，依托跨境电商合作推动中非贸易合作的转型升级。

---

① 郭艳：《跨境电商成一带一路国际合作新亮点》，《中国对外贸易》2018年第12期。

五 "一带一路"倡议与非洲绿色发展[*]

绿色发展是指实现经济发展无须依赖大量的资源消耗，同时对生态环境的破坏程度也较低，是一种资源节约型和环境友好型的可持续发展模式。[①] 当今世界，许多国家已经将发展绿色产业作为推动经济结构调整的重要举措。党的十八届五中全会首次提出了创新、协调、绿色、开放、共享的五大发展理念。

绿色发展也是共建"一带一路"的重要内容。在2017年5月第一届"一带一路"国际合作高峰论坛开幕式讲话中，习近平主席指出："我们要践行绿色发展的新理念，倡导绿色、低碳、循环、可持续的生产生活方式，加强生态环保合作，建设生态文明，共同实现2030年可持续发展目标……我们将设立生态环保大数据服务平台，倡议建立'一带一路'绿色发展国际联盟，并为相关国家应对气候变化提供援助。"[②]

---

[*] 沈晓雷，中国非洲研究院助理研究员。
[①] 林卫斌、苏剑、张琪惠：《绿色发展水平测度研究》，《学习与探索》2019年第1期。
[②] 《习近平在"一带一路"国际合作高峰论坛开幕式上的演讲》，2017年5月14日，http://www.xinhuanet.com/politics/2017-05/14/c_1120969677.htm。

非洲是共建"一带一路"的历史和自然延伸,是"一带一路"国际合作不可或缺的重要组成部分。绿色发展也是中非共建"一带一路"的重要内容和中非友好合作的重要领域。加强绿色发展合作,将为中非共建"一带一路"和中非合作的可持续发展提供重要的支撑。

(一) 中非绿色发展合作的现状

在中非合作论坛的引领与推动下,中国与非洲在绿色发展合作领域已经取得了丰硕的成果,主要体现在开展绿色发展项目和环境保护两个方面。

1. 绿色发展项目的合作

中国与非洲在绿色发展项目上的合作,主要集中在水电、光伏、风能发电、垃圾发电和竹藤等领域,具体情况如下。

第一,水电合作领域。非洲水资源比较丰富,但地理分布不均且开发不足,尤其是水利水电开发不足,与此同时,大量不经处理的污水直接排放至江河湖泊,在加剧非洲水资源危机的同时,还容易导致霍乱和伤寒等热带疾病的暴发。[①] 有鉴于此,中国与非洲在水资源领域开展了各项合作。以中国水利部为例,截至 2018 年 9 月,其已与南非、尼日利亚、莱索托、埃塞俄比亚、摩洛哥、津巴布韦、埃及 7 个非洲国家签署了合作谅解备忘录,与南非、埃及等国水行政主管部门建立了定期交流机制,并根据非洲国家的不同需求,有针对性地开展水资源

---

① 张瑾:《非洲水问题及其治理》,《现代国际关系》2018 年第 12 期。

综合管理、水能资源开发、小水电等再生能源利用、节水灌溉等领域的境内外培训，建立海外培训研发基地。

中国与非洲水资源合作的重点为水电项目，当前在建和已经完成的主要水电项目包括埃塞俄比亚的吉布3水电站、复兴大坝和泰克泽水电站，苏丹的麦洛维水电站，几内亚的凯乐塔水电站，赤道几内亚的吉布洛水电站，乌干达的卡鲁玛水电站，刚果（金）的布桑加水电站，安哥拉的卡库洛卡巴萨水电站、津巴布韦的卡里巴南岸水电站扩建工程，尼日利亚的蒙贝拉水电站和宗格鲁水电站，赞比亚的下凯富峡水电站，加纳的布维水电站，科特迪瓦的苏布雷水电站、刚果（布）的利韦索水电站和尼日利亚的蒙贝拉水电站等。

这些水电项目的实施，将大幅改善非洲国家电力不足的问题。笔者在此以埃塞俄比亚的吉布3水电站和津巴布韦的卡里巴南岸水电站扩建工程为例进行说明。吉布3水电站位于埃塞俄比亚西南部，2011年开工，2016年9月全部10台机组并网发电，总装机容量为187万千瓦，将埃塞俄比亚的发电能力提升了近一倍。卡里巴南岸水电站扩机项目于2014年11月开工，2018年3月完成，在原有6台机组的基础上新安装2台15万千瓦水轮发电机组，使卡里巴水电站总装机容量由75万千瓦提升至105万千瓦，发电能力增加了40%，有效地缓解了津巴布韦电力短缺的问题。

第二，光伏领域合作。除水资源外，非洲还拥有丰富的太阳能资源，中国与非洲在太阳能资源利用方面已经进行了广泛的合作。早在2006年8月，中国政府便向津巴布韦赠送了180套太阳能热水器。在2009年中非合作论坛第四届部长级会议上，时任中国总理温家宝宣布中国对非洲合作八项新举措，其中第一项举措为中国将向非洲援建太阳能、沼气和小水电等100个清洁能源项目。据此，中国先后向尼日尔、摩洛哥、莱索托和塞内加尔等国援助了太阳能路灯示范项目。2015—2018年，为深化中非在应对气候变化相关领域的合作，中国又在非洲完成了百余项援助太阳能路灯和培训项目。[1]

随着中非合作的不断深入，尤其是"一带一路"框架下中非产能合作的不断推进，光伏合作逐步成为中非绿色能源合作的一大亮点。2019年6月和12月，由中企承建的埃及本班光伏产业园和肯尼亚加里萨光伏发电站先后投入运营。本班光伏产业园位于阿斯旺省首府阿斯旺市北部，占地面积为37平方千米，总装机容量到2019年年底可达近2000兆瓦，特变浙江正泰新能源开发有限公司承建和特变电工新疆新能源股份有限公司分别承建其中165.5兆瓦和186兆瓦两个项目。加里萨光伏发电站位于肯尼亚东北部的加里萨郡，由中国江西国际经济技术合作有限公司与晶科能源有限公司联合承建，装机容量为50兆瓦，年均发电量预计为7646.7万千瓦时，可以满足肯尼亚7万户家庭共计38万多人口的用电需求，将有力缓解长期困扰肯尼亚的"用电荒"难题。除此以外，中国目前在非洲开展的光伏项目还包括莱索托70兆瓦光伏项目、马里卡蒂40兆瓦光伏电站项目、阿尔及利亚25兆瓦光伏电站交钥匙工程和中非15兆瓦班吉光伏电站项目等。

第三，其他清洁能源合作项目。除水电项目与光伏项目外，

---

[1] 李霞、卢笛音、陈雅翔：《共筑绿色发展和谐共生的中非命运共同体》，《中国环境报》2018年9月7日第3版。

中国还在风力发电和垃圾发电等绿色能源领域与非洲国家开展了一系列的合作项目。2017年11月,中国国电龙源电力集团股份有限公司在南非开发的德阿风电项目17日顺利竣工并投产发电,这是中国在非洲第一个集投资、建设和运营为一体的风电项目,分两期建设,地点均位于南非北开普省德阿镇附近,装机容量分别为10.05万千瓦和14.4万千瓦,共安装由中国国电联合动力生产的1.5兆瓦风机163台。该项目投产发电后,每年可输送清洁电力6.44亿千瓦时,相当于节约标准煤21.58万吨,减排二氧化碳61.99万吨,满足当地8.5万户居民的用电需求。2017年9月,中国电力工程公司承建的埃塞俄比亚莱比垃圾发电厂建成运营,这是中国在非洲承建的第一座垃圾发电厂,也是中国电力工程公司在"一带一路"合作国家建成的绿色、低碳示范电厂。该发电厂位于亚的斯亚贝巴西南郊,日处理垃圾1800吨,一顿垃圾可产生400千瓦时电,每年发电总量可达1.85亿千瓦时,可保证亚的斯亚贝巴1/3家庭的照明用电。[①]

第四,竹藤合作项目。竹子是实现联合国2030年可持续发展目标的重要天然资源,据统计,非洲约有600万公顷天然竹林,竹藤产业发展潜力巨大。然而,由于技术和资金方面的限制,非洲竹藤产业尚未形成体系,无法产生应有的经济效益。早在2006年,中国政府便为多哥、布隆迪、塞舌尔和喀麦隆等非洲国家举办了竹藤资源利用研修班,提高这些国家通过发展

[①] 景玥、黄培昭:《"垃圾发电让我们的生活有了盼头"——中企承建的埃塞俄比亚莱比垃圾发电厂造福当地百姓》,《人民日报》2019年11月21日第17版。

竹藤产业以促进贫困地区经济发展和改善生态环境的能力。在2018年中非合作论坛北京峰会上，中国提出要建设中非竹子中心，帮助非洲开发竹藤产业。北京峰会后，相关工作正在有条不紊地进行。2018年9月，受国家国际发展合作署委托，国家林业和草原局调查规划设计院与北京市建筑设计研究院有限公司、国际竹藤中心等单位联合组成项目组，赴埃塞俄比亚斯亚贝巴开展了中非竹子中心项目的前期调研工作。2019年11月8日，埃塞俄比亚环境林业及气候变化委员会官员访问中国国家林业和草原局，双方就尽快完成中非竹子中心选址，推动中国企业去埃塞俄比亚投资竹产业进行了磋商。2019年，中国政府还先后为加纳、塞内加尔和喀麦隆，以及中非、卢旺达、刚果（金）和几内亚等法语国家举办了竹子种植与加工技术培训班；湖南省则组织竹产业相关企业、高校、科研与金融机构等30余家成员单位，发起成立了"中非竹藤产业联盟"，共同致力于帮助非洲开发竹藤产业。

2. 环境保护合作

目前开展中非环境保护的合作和特点主要体现在以下几个方面。

第一，开展中非绿色使者计划。2015年通过的《中非合作论坛——约翰内斯堡行动计划》表示，"为加强中非环境合作，促进非洲国家绿色发展，中方将在'中国南南环境合作—绿色使者计划'框架内，推出'中非绿色使者计划'"。根据2018年北京峰会确定的绿色发展行动，中非绿色使者计划主要是在环保管理、污染防治、绿色经济等领域为非洲培养专业人才。

中国在环境保护相关领域为非洲国家培养人才始于2005

年，当年9月，由商务部举办、国家环保总局宣教中心承办了非洲国家水污染和水资源管理研修班，研修班为期20天，共有来自肯尼亚、坦桑尼亚、南非等22个非洲国家的环保部门参加。据统计，从2005年到2018年北京峰会前夕，在中非合作论坛推动下，由中国商务部举办、生态环境部等相关机构承办的中非环境管理研修班在北京已成功举办40余期，培训了来自非洲大陆的700多位政府官员。[①]

2018年9月中非合作论坛北京峰会后，中国政府继续实施中非绿色使者计划，2019年先后举办了非洲国家内陆水体水环境保护与管理培训班、非洲野生动物保护管理与履约官员研修班和非洲法语国家清洁能源应用技术培训班等。从当前来看，环保人员培训项目已经成为中非绿色合作进展最为顺利且成效最为显著的领域之一。

第二，推进中非环境合作中心建设。在中非环境保护合作方面，中非合作论坛约翰内斯堡峰会还提出要设立中非环境合作中心。为此，在2017年12月举行的第三届联合国环境大会期间，中国生态环境部、肯尼亚环境部和联合国环境规划署在肯尼亚内罗毕共同签署《中国非洲环境合作中心合作意向书》。根据合作意向书，中非环境合作中心将为中非双方的私营部门、研究机构、政府间组织提供环境管理的知识，促进中非之间的绿色技术转移，分享中国绿色发展经验，以实现联合国2030年可持续发展议程、非盟《2063年议程》和中国绿色"一带一路"。2018年8月17日，中非环境合作中心临时秘书处在内罗

[①] 周国梅、张洁清、卢笛音、陈雅翔：《推进中非环境合作促进可持续发展》，《中国环境报》2018年9月4日第3版。

毕揭牌，中非环境合作开启了新的篇章。

在2018年北京合作论坛北京峰会上，中非表示将继续"共同推进中非环境合作中心建设，通过加强环境政策交流对话、推动环境产业与技术信息交流合作、开展环境问题联合研究等多种形式，深化中非环境合作"。2019年9月29日，中国生态环境部部长李干杰在庆祝中华人民共和国成立70周年活动新闻中心举办的第四场新闻发布会上表示，中国正在与非洲国家一起积极筹建中非环境合作中心。

第三，实施对非环境援助工作。除开展中非绿色使者计划和推进中非环境中心建设外，中国还实施了一系列对非环境援助项目，重点加强非洲在应对气候变化、海洋合作、荒漠化防治、地质矿产调查、野生动植物保护等方面的能力，维护非洲区域生态安全。

中国赠埃塞俄比亚微小卫星是中国对非环境援助较为典型的一个项目。2019年12月20日，中国在太原卫星发射中心用长征四号乙运载火箭成功发射中巴地球资源卫星04A星，同时搭载了中国应对气候变化"南南合作"项目——赠埃塞俄比亚微小卫星等8颗卫星。赠埃塞俄比亚微小卫星重约65公斤，设计寿命两年，主要装载多光谱宽幅相机，能够获取农林水利、防灾减灾等领域多光谱遥感数据，支撑埃塞俄比亚开展应对气候变化研究，可为埃塞俄比亚农业现代化创造有利条件。

（二）中非绿色发展合作的发展挑战

当前，在中国与非洲均面临严峻的环境压力，均将环境保护和绿色发展作为社会经济发展的其中一个重要方向的情况下，中国与非洲绿色发展合作面临难得的机遇。然而，由于发展模式、发展阶段和资金与技术等方面的原因，中非绿色发展合作也面临一些挑战。

第一，中非合作论坛为中非绿色发展合作搭建了重要平台。绿色发展合作不仅是中非共建"一带一路"的重要内容，更是中非合作论坛的重要合作领域，更为重要的是，中非合作论坛已经为中非绿色发展合作搭建了重要平台。

早在中非合作论坛成立之初，中国与非洲便承诺在所有有关环境管理的领域进行合作，包括污染控制、生物多样性保护、森林生态体系保护、渔业和野生动物管理，以确保经济发展和可持续人力开发。在中非合作论坛的推动下，中非环保合作会议在2005年2月得以召开。在2009年召开的第四届中非合作论坛上，中国承诺3年内为非洲国家援助100个沼气、太阳能、小水电等小型清洁能源项目和小型打井供水项目，中非绿色发展合作开始不断涌现出新的抓手。

在2015年的中非合作论坛约翰内斯堡峰会上，中非绿色发展合作计划被纳入"十大合作计划"，中国表示将支持非洲增强绿色、低碳、可持续发展能力，支持非洲实施100个清洁能源和野生动植物保护项目、环境友好型农业项目和智慧型城市建设项目，并郑重承诺中非合作绝不以牺牲非洲生态环境和长远利益为代价。在2018年的中非合作论坛北京峰会上，绿色发展行动再次成为"八大行动"之一，中非绿色发展合作将从四个方面加以展开：一是为非洲实施50个绿色发展和生态环保援助项目；二是推进中非环境合作中心建设；三是开展中非绿色使者计划；四是建设中非竹子中心。中非绿色发展合作不仅有了更为全面和具体的抓手，更进入了新的历史阶段。

第二，中国在绿色发展领域的经验为中非绿色发展合作提供了有益的借鉴。中国在改革开放后相当长的经济发展进程中，因重视经济快速发展而忽视环境保护和人与自然和谐发展，从而给自然环境和生态带来了严重的破坏。自党的十七大以来，中国开始注重生态文明建设，强调要建立节约能源资源和保护生态环境的产业结构、增长方式和消费模式。党的十九大报告指出，要坚持人与自然和谐共生，"建设生态文明是中华民族永续发展的千年大计。必须树立和践行绿水青山就是金山银山的理念，坚持节约资源和保护环境的基本国策，像对待生命一样对待生态环境……形成绿色发展方式和生活方式"。

中国在生态文明和绿色发展领域的理念和经验，可为非洲绿色发展并因此而为中非绿色发展合作提供有益的借鉴。中国的绿色发展之路表明，一方面，走先发展后治理的老路将给生态环境造成重大破坏，从长远来看是不利于社会经济的可持续发展；另一方面，政府必须在社会经济发展中坚定绿色发展的理念，并在实践中严格加以贯彻落实，唯有如此，才能真正走上绿色发展之路。对于中非绿色发展合作而言，一方面，中国的绿色发展理念要求中国企业大举投资非洲之时，应积极倡导绿色合作并贯彻绿色发展理念；另一方面，中国在绿色发展，尤其是光伏和风能等新能源领域所积累的经验和技术优势，可为中国企业在非洲相关领域投资提供有力的支撑。

第三，非洲国家已充分认识到环境保护和绿色发展的重要性。在历史上，非洲环境问题，尤其是气候灾害不断，并经常会引发严重的经济、社会与民生危机。最近10年来，非洲气候灾害频繁，2011年东部非洲大旱，肯尼亚、埃塞俄比亚、索马里和吉布提1000万人粮食短缺；2015年，受干旱影响，撒哈拉以南非洲粮食大面积减产，3200万人缺粮；[1] 2019年，受"伊代"飓风和持续干旱等因素影响，南部非洲面临粮食供应危机，缺粮人口超过2850万人。

环境问题不仅给人们的生产与生活带来严重负面影响，而且有研究表明，环境变化还会因争夺资源而加剧非洲国家内部甚至国家之间的冲突，[2] 也正是出于这方面的原因，在2020年年初公布的一项针对非洲年轻人的调查中，有80%的受访者表示对环境变化充满担忧。[3] 有鉴于此，非洲国家已普遍认识到环境保护、绿色发展与可持续发展的重要性，且有些国家已开始积极推动经济绿色转型，如加蓬政府将"绿色加蓬"确定为重要的国家发展战略与总体目标，将环境保护确定为国家发展计划的重要组成部分；南非政府则积极推动绿色转型，在2011年11月与南非各界伙伴签署了鼓励发展绿色经济的协议，并强调要使用丰富的自然资源开展绿色、包容性发展，为实现经济、社会、环境层面的可持续发展做出贡献。[4]

---

[1] 王洪一：《"伊代"飓风昭显非洲气候变化困局》，《中国投资》2019年第8期。

[2] "Africa: Climate Change Can Set the Stage for Violent Conflict-Expert", February 14, 2020, https://allafrica.com/stories/202002140932.html.

[3] Kim Harrisberg, "Four out of five young Africans surveyed said they are now anxious about climate change", February 20, 2020, https://news.trust.org/item/20200220130440-iinsu/.

[4] 李霞、刘婷、卢笛音：《中非环境发展合作：打造一带一路绿色支点》，《环境与可持续发展》2015年第6期。

非洲还拥有十分充足且优越的绿色能源资源条件，其中水能、太阳能、风能理论蕴藏量分别占全球的11%、40%和32%，且目前开发率很低。[①] 不少非洲国家已经认识到开发这些绿色能源资源的重要性并制定了相关的政策，如莫桑比克于2017年发布了预算为5亿美元的乡村清洁能源项目；肯尼亚计划2030年前在乡村建成25万个分布式光伏项目；南非计划将煤电装机容量的占比从2011年的93%降低到2030年的46%，清洁能源的装机容量在2030年将达到31%；卢旺达和尼日尔等国则设立了2050年前实现100%清洁能源供电的目标等。这些都为中非绿色发展合作，尤其是中国企业投资非洲绿色能源产业提供了有利契机。

第四，中非绿色发展合作面临挑战。尽管当前中非绿色发展合作存在难得的机遇，但也面临一些挑战。一方面，中国与非洲虽然同为发展中国家，但目前处于经济发展的不同阶段，对非洲大多数国家而言，才刚刚开启工业化进程，尤其是未来一段时间内制造业有望快速增长，这无疑将给非洲的自然环境带来严重的压力。中国的绿色发展经验虽可为非洲国家提供有益的借鉴，但在经济快速发展的诱惑之下，以及在大多数外国投资更加注重经济收益而非环境保护的情况之下，如何破解经济发展与环境保护之间的困境，如何寻找一条可持续的绿色经济发展之路，并不是一件容易的事情。另一方面，中非绿色发展合作还存在融资难和人才短缺等问题。开发光伏和风能等绿色能源项目，一般都需要规模庞大的资金，从当前来看，非洲

---

① 刘振亚：《全球能源互联网》，中国电力出版社2015年版，第21—32页。

建设大型绿色能源项目,最为困难和耗时最长的环节,通常都是前期融资,以肯尼亚图尔卡纳湖风电项目为例,前后用了9年时间才最终完成融资目标。非洲国家自身融资能力有限且融资成本过高,如果中非绿色能源合作完全依靠中方融资,然后靠后期收益偿还债务,则会给中国造成巨大的资金压力,从而严重阻碍中非绿色合作的良性发展。除绿色能源项目外,环境保护等也是如此,受制于普遍存在的政府收入不足和财政赤字问题,大多数非洲国家都难以在环境保护上投入太多资金。人才短缺也是制约中非绿色发展合作的一个重要因素,还是以绿色能源产业为例,据国际可再生能源署(IRENA)估计,2016年全球清洁能源部门创造了近1000万个工作岗位,非洲仅有6.2万个,其中近一半在南非,1/4在北非。[1] 在环境保护领域情况也是如此。尽管中国已通过中非绿色使者计划为非洲培养了大量官员和专业人员,但还远无法解决非洲绿色发展领域人才短缺的问题。

此外还需要注意的是,即便一些绿色发展项目也存在环境方面的风险,如水电站可能会破坏当地的自然生态环境,光伏电站的废弃物可能会造成环境污染,以及大规模开发竹子资源可能会导致水土流失等,所有这些都是在中非绿色发展合作中必须妥善应对的问题。

---

[1] Moustapha Kamal Gueye, "Africa's Energy Transition: Opportunities and Challenges for Decent Work", International Centre for Trade and Sustainable Development, April 24, 2018, https://www.ictsd.org/bridges-news/bridges-africa/news/africa%E2%80%99s-energy-transition-opportunities-and-challenges-for-decent.

（三）中非绿色发展的建议

第一，加快落实中非合作论坛北京峰会关于中非绿色发展行动的相关举措，尽快建立和健全中非环境合作中心和中非竹子中心，以进一步完善中非绿色发展合作的平台建设，并由此而形成包括人力资源培训、政策对话交流、环保对外援助与环保技术交流等在内的一整套绿色发展合作机制。与此同时，在新冠肺炎疫情已蔓延至非洲大陆且在未来一段时间内将影响论坛成果落实的情况下，建议相关部门尽早做出应对措施并创新合作方法与合作模式，以在疫情结束后加快落实中非绿色发展行动的步伐。

第二，加强与非洲国家在能源转型和绿色能源开发领域的对接力度，为中国企业参与非洲重大绿色能源项目提供强有力的政策保障与融资支持。鼓励中国民营企业参与到非洲小型光伏和小水电等小型绿色能源项目中去，并在融资和政策方面予以支持。与此同时，无论大型项目还是小型项目，都要与创造就业和改善民生结合起来考虑，并注重在当地培养一批专业技术人员，从而使项目在建设完成后真正做到可持续运营。

第三，中非绿色发展合作不能仅限于绿色能源合作和环境合作等领域，它是一个系统的工程，中国在与非洲国家开展产业合作和基础设施合作，尤其是在非洲投资制造业、采矿业和大型基础设施的时候，都要秉承绿色发展理念，前期做好环保评估，后期做好环境保护，避免非洲走先发展后治理的老路子。此外还需要注意的是，中非产能合作并非是将中国落后的产能向非洲国家转移,而是将中国富余的产能向非洲国家转移,这些转移出去的产能,要尽可能采用最为先进的技术,且尽可能做到将环境影响降到最低。

第四,支持和促进中非民间绿色发展合作,重视发挥在非华侨华人的力量。当前,非洲已经有100多万华侨华人,他们当中不少人在非洲多年,已经扎根非洲,对非洲绿色发展,尤其是环境和动植物保护的需求和必要性可谓深有体会。在南非、坦桑尼亚、赞比亚和津巴布韦等国,已经有华侨华人或华侨社团建立了动植物保护组织,协助当地开展动植物保护活动。以津巴布韦为例,著名侨领宋黎女士在2011年发起成立的中津野生动植物基金会,为马纳普斯国家公园的动植物保护捐助了大量物资,做出了很大的贡献。中国政府在帮助非洲开展野生动植物保护和提升当地人民的环保意识方面,可考虑对这些组织进行支持,借助他们的力量以达到事半功倍的效果。

六 "一带一路"倡议与非洲能力建设[*]

发展能力的建设与提升是当今世界所有国家面临的普遍问题,中国改革开放40多年就是一个发展能力提升和建设的探索过程。近年来,非洲国家也在探索符合本国实际情况的发展方向和道路,中非在发展能力建设方面有许多可以相互借鉴和学习的地方。2018年中非合作论坛北京峰会上,习近平主席提出打造中非命运共同体,重点实施好"八大行动",其中之一就是"能力建设行动"。

在中非合作中,中国始终重视提升非洲自主发展的能力。在21世纪的第一个十年内,中国为非洲国家培训了各类人员3万多人次,培训内容涵盖经济、公共行政管理、农牧渔业、医疗卫生、科技、环保等20多个领域;中国提供援助在非洲建成107所学校,向29465人次非洲留学生提供了政府奖学金等。[①]"八大行动"提出后,中国政府在提升非洲能力建设方面加大

---

[*] 王金岩,中国非洲研究院助理研究员。
[①] 中国国务院新闻办公室:《中国与非洲的经贸合作》白皮书,人民出版社2010年版。

投入，且为确保落实制订了可行性计划和路径。总体思路为：将不断为非洲发展提供帮助，为非洲国家发展培养人才，激发非洲国家发展的内生动力，推动非洲国家迈上发展快车道。

（一）"一带一路"倡议提升非洲能力建设的总体现状

"八大行动"提出以来，中国致力于从如下方式着手实施：中国决定同非洲加强发展经验交流，支持开展经济社会发展规划方面的合作；在非洲设立 10 个鲁班工坊，向非洲青年提供职业技能培训；支持设立旨在推动青年创新创业合作的中非创新合作中心；实施头雁计划，为非洲培训 1000 名精英人才；为非洲提供 5 万个中国政府奖学金名额，为非洲提供 5 万个研修培训名额，邀请 2000 名非洲青年来华交流。

第一，与非洲国家交流发展经验。中国与非洲各国同属发展中国家，在经济社会发展、扶贫减贫等方面面临相似的发展任务。中方计划与非洲国家开展治国理政经验交流，加强发展理念和发展战略对接，增进彼此了解，相互学习借鉴，更好地实现共同发展。中方也将根据非方实际需求，帮助非方编制区域、次区域、国别和领域发展规划，增强非方长远规划与统筹发展能力，提升中非合作的可持续性和前瞻性。尤为值得一提的是，中国政府多次明确提出，中国在开展治国理政经验交流时严格做到三个"不"，即中国不"输入"外国模式，也不"输出"中国模式，也不会要求别国"复制"中国的做法。而是做到三个"尊重"，即尊重非洲国家的本土知识，尊重非洲国家的自主选择，尊重非洲国家的平等地位。

在 2018 年以前，已有非洲多国政要、学者等在不同场合提出过非洲的政党应积极学习中国共产党的发展与管理经验，以提高非洲各国发展效率。2018 年中非合作论坛北京峰会后，中非发展经验交流达到新高度。北京峰会闭幕仅 10 天后，北京就迎来一批到中国学习交流发展经验的非洲国家党政企代表团。2018 年 9 月 14 日，由中共中央联络部主办、中国人民大学承办了"走适合自己的发展道路—中国经验与非洲发展"援外培训班。2018 年 11 月，30 余位非洲驻华使节赴河南考察，中非双方就贫困治理相关经验做了深入的交流和探讨。2019 年 10 月，中国国家行政学院第一次向阿尔及利亚派教员分享中国发展经验。

治国理政经验交流是中非合作的重要领域，也是中国帮助非洲提升发展能力的重要途径。对于中国，这有助于非洲民众更好地了解中国，也有助于扩大中国发展经验在国际社会的影响力和感召力。对于非洲，它们有了更多了解中国发展经验的机会，这为它们思考自身发展道路、制定自身发展战略多了一份颇有价值的参考和选择。当前以及未来较长时间内，治国理政经验交流都是中非合作的亮点和中非关系大有可为的着力点。

第二，对非洲青年提供职业技能培训。习近平主席在 2018 年中非合作论坛北京峰会开幕式上提出，将在非洲设立 10 个"鲁班工坊"，向非洲青年提供职业技能培训。具体为：中方将统筹调动政府、企业、社会组织和科研院校等各方资源，在非洲升级改造 10 个职业技术培训中心或学校，并在物资设备、技术指导、师资力量和培训项目等方面提供支持，有针对性地为非洲国家提供基础职业技能培训援助，帮助非方培养更多适用人才。

近年来，教育部与天津市政府将天津打造为全国唯一一个现代职业教育改革创新的示范区。2016年以来，天津在泰国、英国、印度、印尼等国先后开办了鲁班工坊。凭借丰富的经验和不断探索创新的精神，天津承担起在非洲建立鲁班工坊的任务。2019年3月28日，吉布提鲁班工坊在当地最大的职业院校吉布提工商学校揭牌运营。这是中国在非洲设立的首家鲁班工坊，致力于服务亚吉铁路和吉布提经贸港口经济发展，面向非洲青年提供学历教育和职业培训。吉布提总统高度赞扬其对吉布提教育及经济发展的作用，他指出"中国技术将为吉布提教育带来革新，为吉布提发展不断注入新的活力"[1]。2019年12月12—13日，中非（乌干达）ICT学院暨中乌ICT鲁班工坊在重庆电子工程职业学院举行签约和揭牌仪式。[2] 2019年，中国在埃及高质量、高效率地完成了两个鲁班工坊的全部建设任务。[3] 截至2019年年底，天津已完成在非洲建立4个鲁班工坊，计划在2020年内完成全部10个鲁班工坊的建设。[4]

第三，为非洲培养各类人才。中方将统筹各方资源，进一

---

[1] 人民网：《非洲首家鲁班工坊在吉布提揭牌——"更多年轻人的梦想将成为现实"》，2019年4月3日，http://tj.people.com.cn/n2/2019/0403/c375366-32806026.html。

[2] 人民网：《中非（乌干达）ICT学院暨中乌ICT鲁班工坊揭牌》，2019年12月14日，http://cq.people.com.cn/GB/365644/367006/?Num=7696824。

[3] 《鲁班工坊在埃及亮起"双子星"》，《今晚报》2020年1月4日。

[4] 中国建设报：《天津将在两年内完成在非洲10个鲁班工坊建设》，2019年7月23日，https://www.yidaiyilu.gov.cn/xwzx/dfdt/97741.htm。

步深化与非洲国家在人力资源开发领域的合作，重点为非洲国家培养政府官员、政党干部、专家学者、技术人员等各行业、各领域的中坚力量。2019—2021 年，中方在非洲实施"头雁计划"，通过南南合作与发展学院等平台，与非方加强高端人力资源开发合作，帮助非洲国家培养 1000 名各领域精英人才，为其实现国家治理体系和治理能力的现代化提供人才储备。中方还将向非洲国家提供 5 万个研修培训名额和 5 万个中国政府奖学金名额。此外，中方还将邀请 2000 名非洲青年来华研讨交流，继续向非洲国家派遣青年志愿者，加强中非青年友谊，增进互相了解。

中方面向非洲国家的研修培训涉及国家多，覆盖领域广，都取得了良好的效果。在北京峰会期间，中国外文局教育培训中心举办了 3 期非洲研修班，分别为非洲国家知名网络媒体负责人研修班、肯尼亚媒体记者研修班和加纳媒体从业人员研修班，共有 60 名来自非洲主流媒体的新闻记者和政府新闻机构的官员参与。研修班突出中非合作主题，配合参与交流活动，推动学员开展峰会报道，为深植中非友谊，扩大峰会影响力发挥了积极作用。作为最早进入非洲的中资银行，中国银行于 2018 年 10 月首次面向非洲举办研修班，也是其举办的历届研修班中参加国家数量最多的一期。来自毛里求斯、科特迪瓦、安哥拉、赞比亚、南非、尼日利亚等 9 个非洲国家的 34 名政府高级官员参加了本期培训，通过集中讲座、参观考察和文化体验等方式，深入互动交流。

非洲的发展需要各领域的人才，尤其是青年人才。中国政府为非洲青年提供来华留学奖学金，邀请非洲青年来华研讨培训，并派遣青年志愿者赴非洲工作。2019年4月，中国国防部邀请非洲青年军官代表团访华，搭建起中非青年军官交流新平台，增进中非青年军官相互了解，深化中国和非洲国家军队传统友好关系，加强中非和平安全领域合作。① 2019—2020年度，中国政府向多个非洲国家提供奖学金名额，其中，向埃及提供了364个奖学金名额，是非洲国家中最多的。近几年，中国也已为非洲培养了20余万名青年职业技术人员。

第四，支持非洲国家的创新创业。当前世界范围内新一轮科技革命和产业变革蓄势待发，各国都在积极强化创新部署。中方积极加强同非洲在创新创业领域的合作，在"中非科技伙伴计划2.0"框架下，设立"中非创新合作中心"，构建中非技术转移网络，开展面向非洲的先进适用技术培训、示范与转移，实施"国际青年创新创业计划"，举办中非创新创业大赛等活动，推动中非科技交流及创新创业合作。

2009年，中国科技部启动了旨在帮助非洲伙伴国加强科技创新能力建设的中非科技伙伴计划。该计划启动至今，已在推动中国与非洲伙伴国建立务实高效、充满活力的新型科技伙伴关系方面取得显著成效。2016年，为适应新的形势发展需要和双方共同需求，科技部启动中非科技伙伴计划2.0版，致力于为促进中非可持续发展、打造命运共同体发挥更加重要的作用。埃及、南非、埃塞俄比亚、肯尼亚等多个非洲国家积极响应中非科技伙伴计划，并参与相关合作。在计划框架下，中非双方

---

① 国防部网：《国防部为非洲百名青年军官代表团访华举行招待会》，2019年4月21日，http://www.mod.gov.cn/topnews/2019-04/21/content_4839969.htm。

不断拓展合作领域，创新合作形式，推动双多边科技创新合作不断取得新成就。其中包括：启动并推进建设了中国—肯尼亚作物分子生物学联合实验室、中国—埃塞俄比亚皮革工业联合实验室、中国—埃及可再生能源联合实验室、中国—南非矿产资源开发利用联合研究中心等一批联合科研平台；与埃及、南非等国启动探讨开展科技园区合作，分享中国在高新区和科技园区建设方面的经验；并通过举办中国—南非高技术展示交流会及推动建设中阿技术转移中心和中非创新合作中心等平台，积极布局中非技术转移合作网络。① 近年来，在中非合作论坛框架下，中非科技创新合作发展迅速，既拓展了中非合作的范围，更丰富了中非合作的内涵，正在成为中非关系发展新的增长点。

（二）提升非洲能力建设面临的发展挑战

非洲具有丰富的自然资源禀赋和人力资源红利，但长期难以摆脱贫穷和落后，有多方面的原因。中国同非洲国家在"一带一路"倡议下加强合作，尤其注重提升非洲国家的能力建设正处在难得的机遇期。然而，不可否认的是，中非关系的发展仍然面临一些方面的挑战。

第一，提升非洲发展能力的机遇。一方面，应充分利用非洲的人口红利。据联合国 2019 年的统计数据，目前非洲人口为 13 亿人，其中 15 岁以下占比为 40%，30 岁以下占比高达

---

① 刘霞：《构建"一带一路"科技创新共同体——中国与亚非国家科技创新合作硕果累累》，《科技日报》2018 年 12 月 18 日。

70%。非洲正处于人口红利潜力期，迫切需要提高青年劳动技能，增加有效就业，将潜在人口红利转化为现实发展动力，推动非洲国家社会稳定和经济发展。非盟《2063年议程》明确提出，支持青年成为非洲复兴的动力，要让70%的青年拥有一技之长，到2025年前培养数千名非洲青年领袖。长期以来，中国积极帮助非洲国家培养各类人才，加强人力资源开发合作，提供大量政府奖学金和研修培训名额，为提升非洲国家自主发展能力发挥了积极作用。另一方面，应充分发挥中国的优势作用。非洲国家普遍存在经济结构单一的问题，资源优势没能有效地转化为促进可持续发展的要素。大多数国家还处在工业化初期，需要建设基础设施、加快工业化进程。中国不仅是制造业大国、装备出口大国，也已成为对外投资大国。中国通过直接投资，把品质优良、质量可靠的产业和装备，同非洲工业化和城市化需求对接，将为非洲经济发展注入新的活力，为中非合作创造新的机遇。中国在非洲的投资，也带动了更多国际投资流向非洲。

第二，提升非洲发展能力面临的挑战。中国帮助非洲提升发展能力最大的挑战就是一些西方大国对中方做法的恶意抹黑。如，2019年3月，美国助理国务卿纳吉访问乌干达时称，中非合作效果明显被夸大；中国人在非洲同当地人"抢生意""抢工作"等言论。另有一些西方国家在多个场合公开指责"中国贷款加重非洲债务负担""中国以资金蚕食非洲国家主权"等。中国外交部发言人及相关官员多次在国际场合公开驳斥不实言论，阐释事实真相。针对美国助理国务卿的言论，中国外交部发言人耿爽在记者会上表示，这是典型的酸葡萄心态，背后也反映出美方一些人士的零和思维模式。美方的这些论调与事实不符，漏洞百出，在非洲没有市场。中非友好源远流长，中非友谊历经时间和国际风云变幻的考验，任何势力都无法撼动。[①]对于债务问题的质疑，外交部部长助理陈晓东在2018年中非合作论坛北京峰会召开前夕表示，中方高度重视非洲债务可持续性问题，坚持集约发展，帮助非洲"筑巢引凤"，本着负责任的态度向非方提供投融资，对非借贷风险总体可控。同时，中方还设身处地想办法帮助非方防范债务风险，减轻、减缓偿债压力，并积极鼓励中国企业加大对非直接投资，探讨公私合营（PPP）等新模式。[②]

此外，一些非洲国家仍面临政局欠稳定，战乱、自然灾害时有发生，恐怖极端势力作乱等问题，对非洲发展能力提升及中非合作构成威胁。

（三）以新发展观提升非洲国家能力建设

当前，中非关系呈现规模大、领域广、程度深的特点。未来，推进现有合作和进一步深化交往需要加强双方的能力建设，尤其是提升非方自主发展的能力。中国对非洲的帮助应该是"授人以渔"，而不仅是"授人以鱼"。发展问题是当今时代的主题和中国与非洲共同面临的重大问题。习近平主席在浙江工

[①] 环球网：《美官员抹黑中非合作，外交部：这是典型的酸葡萄心态》，2019年3月18日，https：//www.sohu.com/a/302072186_162522。

[②] 中国政府网：《外交部官员：抹黑中非合作注定没有市场》，2018年7月5日，http：//www.gov.cn/xinwen/2018－07/05/content_5303595.htm。

作时就曾指出:"发展观决定发展道路""发展不能走老路。"①党的十八届五中全会提出"创新、协调、绿色、开放、共享"的五大发展理念,这五大发展理念不仅应用于中国国内发展,也成为中国对外开展友好合作的指导原则。

第一,创新发展。创新是推动发展的重要力量,中国与非洲关系的发展需要创新动力。21世纪以来,全球科技创新进入空前密集活跃时期,新一轮科技革命和产业变革正在重构全球创新版图,重塑全球经济结构。共建"一带一路"为正处于工业化初、中级阶段的非洲国家平等合理地融入全球产业链和价值链提供了新契机。随着各类要素资源在中非国家间的共享、流动和重新组合,各国可以利用各自的比较优势,不断将创新驱动发展推向前进。在创新发展方面,中非合作已走在中国对外合作的前列。双方间的合作不局限于固有形式,不止步于现有领域,而是不断探索新领域,尝试新方式,在互利合作中致力于提升国家能力建设。中非合作不局限于眼前利益,不停创造出新动力。

第二,协调发展。协调发展是可持续健康发展的内在要求,解决的是发展不平衡的问题,具有对内政和外交的双重意义。中非关系曾长期处于发展不平衡状态,中国在包括中非关系在内的整体外交关系中始终坚持独立自主的和平外交政策,积极致力于构建以合作共赢为核心的新型国际关系。在新型国际关系模式下,各国在追求本国利益时兼顾别国利益,在寻求自身发展时兼顾别国发展,最终实现共同发展。鉴于此,习近平主席提出构建人类命运共同体的重要理念。中非数十年的友好合作证明:只有协调发展才是可持续的发展,既体现在产业间的

---

① 习近平:《之江新语》,浙江人民出版社2007年版。

协调，也体现在国家间的协调。

第三，绿色发展。共建"一带一路"倡议践行绿色发展理念，倡导绿色、低碳、循环、可持续的生产生活方式，增进沿线各国政府、企业和公众的绿色共识及相互理解与支持，共同实现2030年可持续发展目标。沿线各国须坚持环境友好，努力将生态文明和绿色发展理念全面融入经贸合作，形成生态环保与经贸合作相辅相成的良好绿色发展格局。

第四，开放发展。共建"一带一路"以开放为导向，致力于解决经济增长和平衡发展问题。共建"一带一路"坚持普惠共赢，打造开放型合作平台，推动形成开放型世界经济。共建"一带一路"是和平发展、经济合作倡议，是开放包容、共同发展进程。中国与非洲相距遥远，政治体制、地域环境、发展阶段、文化背景等方面都存在较大差异。然而，中非友好合作长期存续，不断发展，得益于双方领导人开放的眼光，共同携手向着构建命运共同体的目标不断迈进。

第五，共享发展。2012年12月，习近平同志当选中共中央总书记后首次会见外国人士时指出，当今国际社会日益成为一个"你中有我""我中有你"的"命运共同体"，面对世界经济的复杂形势和全球性问题，任何国家都不可能独善其身。2017年，习近平主席在联合国总部出席"共商共筑人类命运共同体"高级别会议时，又一次向全世界昭告中国主张："中国愿同广大成员国、国际组织和机构一道，共同推进构建人类命运共同体的伟大进程。"[①] 2018年，习近平主席在中非合作论坛

---

① 习近平：《共同构建人类命运共同体》，2017年1月18日，http://cpc.people.com.cn/n1/2017/0120/c64094_29037658.html。

北京峰会开幕式主旨演讲中提出,"中国是世界上最大的发展中国家,非洲是发展中国家最集中的大陆,中非早已结成休戚与共的命运共同体,愿共筑更加紧密的中非命运共同体"[①]。

当前,非洲大陆的核心问题是发展问题,我国与非洲共建"一带一路"正是致力于提升非洲的发展能力,先进理念的引领是关键因素。新发展观中的五大发展理念对于提升非洲的发展能力将起到引领作用。

---

① 新华网:《习近平在 2018 年中非合作论坛北京峰会开幕式上的主旨讲话(全文)》,2018 年 9 月 3 日,http://www.xinhuanet.com/world/2018-09/03/c_129946128.htm。

七 "一带一路"倡议与非洲健康卫生发展*

中非健康卫生合作始于1963年，当年中国向非洲派遣了第一支援非医疗队，在随后的几十年里，这种合作从未间断。2000年，中非合作论坛启动，论坛不仅成为中国和非洲国家集体对话的平台和促进务实合作的机制，也推动了中非健康卫生合作进入"快车道"，投入规模增长迅速，援助与合作的内容更加丰富，参与主体更为多元，合作方式更为多样。特别是2013年以来，随着"一带一路"倡议的提出，构建中非健康领域的命运共同体不仅关乎中国和非洲的卫生安全，也是全球卫生安全的重要组成部分。在2015年中非合作论坛约翰内斯堡峰会提出的"中非公共卫生合作计划"以及2018年中非论坛北京峰会"中非健康卫生行动"的框架下，中非双方卫生健康合作在原有基础上又取得了一系列重要进展，同时也面临着新的机遇与挑战。

---

* 郭佳，中国非洲研究院助理研究员。

（一）中非卫生合作总体现状

中非健康卫生领域的合作迄今已有57年的历史，已形成包括派遣援外医疗队，援建医院和疟疾防治中心，赠送药品和医疗器械，双边卫生人员交流培训，疾病防控体系建设等多层次、宽领域的工作模式。

第一，形成了对口援助模式的医疗队派遣机制。1962年，阿尔及利亚经过长期的反法武装斗争赢得独立，随即便面临法籍医生全部撤走、全民缺医少药的困境，并因此向全世界求救。在此背景下，中国第一个做出回应，宣布向阿尔及利亚派遣医疗队。1963年3月中旬，由湖北、上海、天津等地13名医务人员组成的医疗队在北京饭店受到周总理的接见，4月6日踏上了赴北非的行程，由此开启了中国医疗队援非的序幕，并在随后逐渐演变为国内的每一个省、自治区或直辖市对口至少一个非洲国家，向对口受援国派驻医疗队的模式。绝大多数医生由三级医院（即中国内地医院等级划分中最高级别的医院）派遣，通常以内科、外科、妇科、儿科、眼科、口腔科等临床科室为主，西医与中医兼具，几乎全部具有中高级职称，每届医疗队任期两年（近年来一些国家的医疗队任期缩短为半年至一年半不等）。截至目前，已先后向非洲47个国家派遣过医疗队员2.1万人次，救治患者约2.2亿人次，并为非洲培训了数以万计的医护人员，其间除非因受援国与中国断交或受援国内乱等"不可抗"因素而撤离以外，从未由于自身原因中断援外医疗工作，而且一旦条件允许，受援国需要，便立即复派。

第二，打造了"光明行"、对口医院援助等品牌项目和行动。近年来，中非健康卫生合作更加注重灵活性、针对性、实效性，注重差异化的国别政策，以及专科医学的交流与合作，打造了一批具有品牌影响力的项目和行动，主要表现为以下三种形式。

其一，"光明行""爱心行"等短期巡诊活动。截至2020年1月，为非洲人民实施免费白内障手术的"光明行"项目已在27个非洲国家得以落实，包括津巴布韦、马拉维、赞比亚、莫桑比克、埃塞俄比亚、塞拉利昂、苏丹、吉布提、科摩罗、博茨瓦纳、加纳、厄立特里亚、刚果（布）、布隆迪、摩洛哥、喀麦隆、多哥、毛里塔尼亚、塞内加尔、纳米比亚、冈比亚、马达加斯加、布基纳法索、几内亚比绍、中非、乍得、马里。它直接惠及普通百姓，使上万名白内障患者重见光明，成为名副其实的"民心工程"与品牌项目。与之相提并论的还有2015年启动的"爱心行"项目，即心脏病手术义诊活动，已在加纳、坦桑尼亚、尼日尔开展，创下了多个"非洲纪录"。

其二，对口医院合作。截至2019年12月，已与18个非洲国家和地区建立了包括心血管科、重症医学、神经外科、创伤科、腔镜等重点专科领域的对口合作医院。通过技术交流和转移，医护培训，加强专业科室建设，特别是在非洲空白的高层次专业技术领域，提升非洲国家临床专科治疗水平，同时在设备维护、医院运营管理等方面开展支援合作。例如，广东省人民医院（广东省心血管研究所）专家团队与位于加纳第二大城市库马西的教学医院（Komfo Anokye Teaching Hospital, Kumasi, Ghana）进行心胸外科的合作，成立了心血管病治疗中心，通过技术和管理援助,帮忙当地提高诊疗和护理水平。授人以鱼不如授人以渔,除了技术援助,还进行人力资源的培训,邀请加纳医生到广东心血管病研究所学习,实现了该国在冠脉介入、植入心脏起搏器等心脏病治疗上零的突破。此外,开创性地在当地开展心血管病流行病学调查,从源头上更好地研究和防治加纳人的心血管病疾病。类似的对口医院合作还有北京同仁医院与中几友好医院合作的重症医学合作中心、天津眼科医院与中刚友好医院合作的眼科中心、郑州大学第一附属医院对口援助赞比亚利维·姆瓦纳瓦萨医院（Levy Mwanawasa General Hospital）的腔镜中心等。

其三,妇幼保健等专项医疗援助。2015年约堡峰会后,中国进一步加大了对非洲的专科医疗援助力度,特别是在妇幼保健等非洲亟须领域进行义诊咨询和疑难病例会诊等医疗活动。同时通过在中国举办各种形式的妇幼健康培训班加强双方在该领域的交流与合作,培养具有较强实践能力的高素质卫生专业技术人员,变"输血"为"造血",切实提升非洲国家妇幼保健服务能力与急危重症救治能力,助力推动非洲妇幼卫生事业的改革与发展。

第三,帮助非洲提高传染病防控水平,加强公共卫生能力建设。中国在疟疾、血吸虫病、艾滋病、结核等疾病防控领域一直同非洲进行合作。2007—2014年在科摩罗启动"青蒿素复方快速控制疟疾项目",8年内将疟疾死亡人数降低到零,发病率下降了98%;在桑给巴尔开展的血吸虫病防控试点项目,将血吸虫病人群感染率从之前最高的8.92%,下降至0.64%;在艾滋病防控方面,中国与非洲各国及有关国际组织和专业机构一道，通过社会动员、公益宣传、防控人才培训、资金援助等多种方式积极开展合作，共同推进艾滋病防控，并着力帮助受艾滋病影响的妇女和儿童。

近年来，非洲地区新发再发传染病和突发公共卫生事件不断出现，中国都是第一时间向有关国家提供紧急医疗救助和公共卫生国际应急援助。2014年西非的埃博拉疫情中，中国向疫区先后提供了5轮总价值约7.5亿元人民币的紧急援助，建设了首个生物安全防护三级实验室（P3实验室），并组织派遣了30余批公共卫生、临床医疗和实验室检测专家组，超过1000人次赴疫情国，开展大规模公共卫生培训，加强当地的疫情防控能力。2016年以来，中国专家分别赴安哥拉、马达加斯加、刚果（金）、乌干达等国，帮助防控黄热病、鼠疫、埃博拉等疫情，有效遏制了各类疫情蔓延。

第四，为非洲无偿提供医疗物资援助及人力资源培训。截至2015年，中国已帮助非洲建设了68家医院，30个疟疾治疗中心，为35个非洲国家援助了价值2亿多元人民币的抗疟药物。同时，持续向受援国提供医用耗材、高端医疗设备、移动和固定生物安全实验室、运输车辆等医疗物资援助，每年在非洲健康方面的项目支出约1.5亿美元。半个多世纪以来，为非洲各国培训各类医务人员2万多人次，其中在华培训1.6万人次。

（二）中非健康卫生合作面临的机遇

近年来，非洲国家不断加强卫生领域的改革，通过动员和整合各方资源着力解决卫生领域中最薄弱的环节，诸如公共卫生体系建设、全民健康覆盖等，加快基于本土及自有方案应对健康与发展挑战的进程。非洲的卫生改革恰逢中国的"十三五规划"以及"健康中国2030"纲要启动，中非健康卫生合作面临着前所未有的机遇。展望未来，双方应当把健康卫生领域的交流与合作不断推向深入，增进理解和共识，超越差异与分歧，在公共卫生、信息化建设、联合研究、医疗产业发展等方面互相分享，共促发展，构建卫生健康领域中非命运共同体。

第一，公共卫生领域的合作尚有很大空间。卫生问题"基础中的基础"，是公共卫生体系，即疾病预防控制体系的建立。非洲国家至今尚未建立起一个体系健全、响应及时、运转有效的公共卫生防控体系，为此，非盟在《2063年议程》中将公共卫生体系建设放在卫生领域的重要位置，提出了"完全遏制埃博拉等传染病和热带病、大幅减少非传染性疾病发病率、将非洲人民的人均寿命提升至75岁以上"的发展目标。

而中国自2003年"非典"后，公共卫生事业经历了近20年的发展，其间有效应对了H7N9禽流感、中东呼吸综合征、埃博拉等突发急性传染病疫情，对突发公共卫生事件的应急处理能力得到全面加强，特别是在2020年年初暴发的新冠肺炎疫情再次使中国的公共卫生防控体系经受了考验，同时这场疫情也凸显了加强国际公共卫生合作的重要性。中非健康卫生合作从临床层面转向公共卫生合作层面，不仅是大势所趋，也是中非卫生合作向纵深发展的必然要求，符合中非双方的利益与需要。

未来几年，中国应该以参与非洲疾控中心筹建为抓手，深化扩大中非公共卫生合作。支持非盟及各个非洲国家建立健全疾病预防控制体系，帮助非洲国家形成对疫情的监测、预警和快速反应能力，为及时处置突发公共卫生事件提供可靠保障，协助非洲国家提高实验室技术能力，开展公共卫生人力资源培训，帮助非洲国家提升公共卫生事业的自主发展能力。

第二，互联网医疗领域的合作有待拓展。非洲国家医疗基础设施落后，医护资源匮乏，卫生体系运转效率低下，疾病预防和治疗工作面临巨大压力。基于这样的现状，互联网医疗在非洲大有可为。互联网医疗是指以互联网为载体和技术手段的医疗信息管理、在线疾病咨询、电子处方、远程会诊及远程治疗和康复等多种形式的健康医疗服务。一方面，它可以在短时期内快速强化非洲的卫生体系，实现卫生体系建设的弯道超车，解决医患供需之间的矛盾，使偏远地区的穷人也能有机会看得上最好的医生，提高医疗服务的覆盖率和可及性，提高诊疗效率；另一方面，非洲很多国家都有明确的数字化战略，包括在卫生领域，而手机的广泛应用和移动及无线网络的快速发展也为互联网医疗的发展提供了条件。近些年来中国互联网医疗发展迅速，形成了一定体系，也积累了一些经验，但与非洲的医疗合作还停留在实体层面，还没有向信息化层面拓展，未来这种合作可以在以下两方面展开。

一是医疗体系的信息系统建设，这是当前非洲卫生领域急需加强的环节。由于数据信息的不足，政府无法根据人群需要确定基本卫生服务包，无法及时、准确地掌握卫生供求关系和卫生系统运行效能，而中国可以通过自上而下的卫生信息化整体规划方案，通过信息中心管理等项目，帮助非洲国家提升医疗体系的信息化水平。

二是医疗服务的信息化建设。即通过移动医疗、远程医疗等方式将诊断、治疗等线下行为移到线上，以更低的时间和金钱成本让患者接受服务。例如，在中国有好大夫、丁香医生等互联网医疗平台，用户可以下载手机 app 在移动终端进行网上问诊活动，特别是在新冠肺炎疫情期间，这些医疗平台纷纷推出了在线义诊、线上购药等服务，缓解了实体医疗机构医疗资源不足的压力，又及时满足了人们"不能出门、但要看病"的需求。这种模式在非洲或许有更大的市场潜力，事实上，非洲的这种线上医疗平台正在蓬勃兴起，特别是私营部门创业的热情很高，无论是在政府层面还是企业层面，中非在互联网医疗方面合作的潜力还有待释放。

第三，健康卫生领域的教育合作、联合研究是未来发展的方向。俗话说，授人以鱼不如授人以渔，要想从源头上完善非洲的健康卫生服务体系，解决医护资源匮乏的现状，就要加强非洲医疗卫生教育能力的建设，设立更多的医学院，培养更多的人才，在任何时候，医疗专业人才都是医疗体系的核心要素。因此，由纯粹的医疗援助向医疗援助和医学教育合作相结合的方向转变，是未来中非健康卫生合作发展的方向。可以让中国的医疗卫生教育机构和非洲的医疗卫生教育机构，如医学院、职业教育学院等进行合作共建，大力培养非洲用得上、留得住的各个门类、各个层次的人才，把中国培养不同级别医生的经验，在非洲加以修订、加以落地。

此外，加强健康卫生领域的联合研究也势在必行，包括慢性疾病和传染性疾病。疾病无国界，通过跨国籍、跨学科的科研攻关取得基础研究的突破，并助力临床医疗将是惠及全球的事情。特别是近几年来的埃博拉疫情、新冠肺炎疫情等突发公共卫生事件让人们认识到，全球化时代任何一个国家都不可能独善其身，维护全球公共卫生安全是人类集体的愿望，也是一种共同的责任。因此有必要促进中非包括传统医药在内的有关学术、科研机构开展对口交流与合作，建立中非医疗卫生领域联合研究实验室，这种科研合作具有巨大的前景。

第四，医疗产业发展前景看好。非洲是中国医药产品出口增长最快的市场之一，也是中国本土制剂出口的第一大市场。中非医药贸易额从2009年的10.86亿美元增至2018年的24.39亿美元，十年间增长了1倍以上，中国的很多医疗产品"高质量、低成本"，在非洲很受欢迎。近年来，中国国内大力支持健康产业发展，赴非开展药品本地化生产的步伐加快，目前，中国制药企业已经在苏丹、埃塞俄比亚、马里、南非等非洲国家建厂或设立销售点，把中国医药行业工业化的经验传播到非洲，帮助非洲人提高本地化生产能力，促进医药产品的可及性和可负担性。2019年，习近平主席对中医药工作做出重要指示，提出推动中医药事业和产业高质量发展，推动中医药走向世界，为解决全球健康问题贡献更多的中国智慧、中国方案，传统医药产业"走出去"面临着前所未有的机遇。与此同时，一些非洲国家与中国加强在医药领域合作的意愿强烈，拟开展包括医药工业园在内的医药合资合作项目，可以说中非医药产业合作前景广阔。

（三）中非健康卫生合作挑战

新时期中非健康卫生合作逐渐从传统友谊型援助向多层次、宽领域、全方位合作方向转变，面临着难得的发展机遇；但与此同时，也应正视其中存在的挑战。

第一，援非医务人员选派困难。医务人员是对外医疗援助的主体，然而选派难却成为目前困扰中国援非医疗队的一大难题。这之中既有客观原因，也有主观因素。首先，援非医疗队工资待遇失去了以往的吸引力。相较于十几年前援非医疗队员的工资收入总和相当于其在国内收入的5倍左右，而现在基本上差别不大，甚或还不如在国内工作的收入多。其次，在"一个萝卜一个坑"的情况下，考虑到执行援非任务对医院造成的技术力量的缺损，院方往往不愿派出技术骨干。最后，医务人员个人工作、生活的务实考虑或顾虑。外派医疗队员一般要在受援国工作一至两年，其间，不仅科研、教学以及个人业务水平的提升会受到影响；回国后，在竞聘上岗、职称评定等方面也都处于劣势。

第二，部分援助项目效果欠佳。中非健康卫生合作中相当一部分为援助项目，一些援助项目效果欠佳，主要表现在下述三个方面。首先，援助模式"以我为主"，一定程度上疏忽了国别差异、受援国民众习惯以及当地环境特点。例如，药品说明书没有翻译成受援国语言；药品名录不能根据受援国主要疾病种类的变化进行调整；基础设施援助不符合当地和国际标准，且缺乏设备配套与后续管理等。其次，中非文化差异使得符合

"中国标准"的援助项目并不切合"非洲标准"。例如，由于中非双方对"计划生育"概念理解的不同，在避孕产品的选择上也有所区别。非洲一些国家对计划生育的理解不是不要孩子，而是有计划地生孩子，在避孕产品的选择上，需要的是长效、可逆、不影响生育力恢复的产品，而不是符合"中国标准"的避孕产品。最后，因为缺乏与其他"利益攸关方"的沟通而导致援助项目得不到国际社会的认可。例如，中国在刚果（金）援建的五十周年医院，本来是按照刚果方面的要求，为满足刚果富有阶级的医疗需求而建设，因此定位较为高端，却由于缺乏与国际机构等方面的沟通而被认为是不符合非洲实际需要的建设，破坏了医疗体系的有序性。

第三，中国医药产品并未进入非洲主流医药市场。近些年来，尽管中国医药产业在努力拓展非洲市场，但迄今为止中国仍然不是非洲医药市场的主要进口国。医药产品进入非洲主流医药市场的入场券是通过世界卫生组织的预认证（PQ认证），难以通过世界卫生组织的预认证，是目前中国医药产品进军非洲主流医药市场的最大障碍。造成这一现象的原因主要有两点，其一，技术性壁垒。一方面，中国制药行业的药品生产质量管理标准不能与国际对接；另一方面，中国企业与国际组织接触不多，对国际招投标程序与规则认知有限，缺乏足够的经验。其二，企业自身的原因。因为世界卫生组织预认证周期较长，一般需要3—5年，加之非洲主流医药市场药品采购招标价格不断压低，产品几乎没有利润而言，因此企业对于申请世界卫生组织预认证的内生动力不足。尽管约翰内斯堡峰会提出"鼓励支持中国企业赴非洲开展药品本地化生产，提高药品在非洲可及性",并将助推中国药品走进非洲写入中国对非洲政策文件中,但如果贸易无法先行,企业依然面临产品的市场准入问题。

(四)中非健康卫生合作建议

为巩固中非健康卫生合作成果,进一步扩大合作的有效性及影响力,实现中非双方卫生领域的互利共赢,中国应有针对性地调整工作思路,着眼长远,有所作为。为此,提出如下建议。

第一,提高援非医疗队医务人员的待遇,加大针对其各种优惠政策的保障、落实力度。强调大局、奉献的同时,要正视医务人员自身的利益诉求,例如,医疗队待遇方面(包括薪金待遇、休假制度、家属随任等)应随时代变更进行更加务实、人性化的政策调整,不应该与其他官方派出机构(如使馆、孔子学院等)差距过大。医务人员在国外的薪金待遇相对于他们在国内的整体收入要有一定比例的提升,不应因为待遇过低而打击了医务人员特别是医术高的医务人员参加医疗队的积极性。同时,加大政策保障、落实力度,对于参加援非医疗队的医务人员,在职称晋升、岗位聘用等方面应有一定的政策倾斜,并通过自上而下由各级人事部门下发正式文件的方式予以落实。

第二,提升卫生援助项目的效用、效果与影响力。援助项目需要结合各国国情,从实际出发。中国与非洲国家政府应加强合作项目的前期调研、过程监督、结果评估和社会影响评价,以确保项目的实用性与可行性,资源利用的最大化与有效性,项目效果反馈的及时性与准确性。医疗设备、设施的设计和建设上，一定要属地化，按照当地标准或国际标准进行援助，要为设备、设施在当地的后续维护使用提供便利。此外，除了与受援国政府进行协调之外，还应加强与卫生发展援助领域其他机构的沟通与交流，包括国际组织、地区性组织、非政府组织、慈善机构、企业等，以体现发展的责任，消除误解，增进共识，营造良好的外部环境。事实上，合作项目本身的质量固然重要，但只有在项目之外的部分也得高分，才能获得更大的影响力与可持续的竞争优势。

第三，政企合作加快药企通过世界卫生组织预认证进程，增强企业国际竞争力。在政府层面，政府应联合行业商会共同为企业搭建平台，建立企业与国际组织、非政府组织、非洲区域性组织、非洲卫生和药监部门的联系，在医药产品世界卫生组织预认证、招投标、非洲各国药政动向、市场准入条件、投资政策等方面为企业提供信息和指导，为企业提供必要的金融、语言、文化、法律方面的咨询和培训，同时帮助建立企业之间的联系，使之形成合力。此外，从政府层面加强与非洲药监部门的合作，建立针对输入非洲医药产品的监管机制，可以将国内的药品电子监管码系统推广至对非药品出口领域，防止中间商做手脚，防止非法药品流入供应链。在医药产品投资领域，将医药产业作为中非产能合作的重点领域，让持续升温的中非产能合作成为拉动中国医药产品走进非洲的引擎。从企业层面，企业应站在更高更广阔的视角定位其发展战略，创造机会让国际组织等机构参与到企业的运营中来，与之建立稳定与信任的关系。尽快熟悉世界卫生组织预认证的流程与注意事项，确保药品生产过程、临床试验、生物等效性研究等遵循国际规范，以达到世界卫生组织预认证的要求。

  第四,树立卫生安全理念,在非洲建立传染病研究基地。应借助与非洲的卫生合作,开展发源于热带地区尤其是非洲的重大传染病和新发传染病的相关研究,从而为中国的卫生安全战略服务。事实上,中国目前对相关疾病的研究处于空白状态,对于输入性重大传染病的防治处于守势,存在巨大的卫生安全隐患。因此,在非洲一线建立医疗卫生研究基地,不仅必要而且迫切。倚靠在非洲的传染病临床研究基地,集医、学、研为一体,不仅可以将基础研究与应用研究相结合,开发疫苗、新的诊断技术,将研究成果向临床实践转化,而且通过与世界卫生组织、医院实验室、制药企业保持接触与联系,掌握研究的前沿和制高点,可以影响当地重大传染病的政策,甚至引领全球重大传染病的政策制定,推动中国药品及防治技术在全球的推广。

八 "一带一路"倡议与中非民族文化交流[*]

国之交在于民相亲，民相亲在于心相通。民心相通是"一带一路"建设"五通"中的重要内容，关系到中非关系行稳致远和构建更紧密中非命运共同体的大局。中非民族交流文化融合是实现民心相通的前提条件和必由之路。中非民族交流文化融合源远流长。自秦汉开始，广州岭南港就开启了海上丝绸之路。南越王墓出土的文物表明，早在两千多年前，广州就与非洲地区有了直接或间接的文化交流。[①] 在15世纪初的明朝，郑和船队七下西洋四次访问东非海岸，传为中非民族文化交流的佳话。中华人民共和国成立后，中非民族交流掀开了新的历史篇章。进入21世纪，特别是2000年中非合作论坛创建以来，中非文化交流被写入历次会议的行动计划，力度也越来越大。在"一带一路"倡议大背景下，中非民族交流文化融合进入了一个新时代。

---

[*] 李文刚，中国非洲研究院副研究员。
[①] 《中国民族报》：《刚星仪式雕像展中的非洲宗教文化》，2018年12月14日，http://www.mzb.com.cn/html/report/181233522-1.htm。

（一）中非民族交流文化融合现状

进入 21 世纪，随着中非经贸关系的大发展，中非民族文化交流也日趋活跃，并呈现出以下特征：交流的主体更加多元，不仅包括官方的机构，也包括民间的，甚至是一些个人都参与其中；从交流的内容来看，中国少数民族文化与非洲的交流非常多；从交流的效果来看，中非民族交流文化融合进一步拉近了中国和非洲国家之间的关系，提升了中国在非洲的软实力。

第一，中国文化中心发挥引领作用。1988 年，毛里求斯设立了非洲第一所中国文化中心。此后，贝宁、埃及、尼日利亚、坦桑尼亚等国相继建立了中国文化中心，为中国传统文化与非洲文化交流互鉴搭建了一个重要平台。在中国文化中心举办的一系列活动中，经常可以看到非洲朋友的身影，好多节目都是中非文化的深度交流融合。例如，由毛里求斯中国文化中心培训的当地学员组成的舞蹈队、太极表演队、二胡演奏队，不仅成为各项活动的主体，也是毛里求斯国内节目演出的重要参与者，从伴舞到独立节目的表演，其水平得到了当地政府和民众、华人社团的认可。设在尼日利亚首都阿布贾的中国文化中心，通过丰富多彩的活动，如中非摄影比赛、"武林风"锦标赛、文化沙龙等，与尼日利亚民众一起分享文化交流的乐趣。这些活动也是尼日利亚人展示本国文化的场合。中国文化中心还主动与尼日利亚艺术文化委员会及其下属的艺术公司合作，真正做到了中尼文化交流和文明互鉴。

第二，"欢乐春节"走进更多非洲国家。"欢乐春节"是中国对外文化交流领域覆盖面最广、参与人数最多、影响最为广泛的活动，受到世界各地民众的欢迎和喜爱。①2018年"欢乐春节"活动中，张掖市专业文艺院团肃南县民族歌舞团赴毛里塔尼亚和突尼斯两国进行文化交流。全国唯一、甘肃独有的少数民族裕固族表演了包括裕固族、藏族、蒙古族、回族、汉族等具有中国文化元素的舞蹈、声乐、器乐节目。2019年2月，"2019欢乐春节"东方歌舞团大型专场文艺演出在塞内加尔国家大剧院举行。驻塞内加尔大使张迅在致辞中表示，春节是全球华人最重要的节日，也是中国同世界各国文化交流的重要平台。开放包容、互学互鉴，始终是中非文明对话、文化交流的主旋律。东方歌舞团的演员们带来了精彩的中国和非洲歌舞，既有传统歌舞和乐器演奏，也有非洲舞蹈和中塞歌手合唱非洲歌曲等活动，反响强烈。2020年1月，"欢乐春节—聚焦在非洲·坦桑过大年"庆祝活动成功举办。坦桑嘉宾体验了书写春联、现场观众体验剪纸，舞龙舞狮和武术表演、中国春节民俗展、中国美食体验、春节活动视频展示、新春文艺晚会吸引了大批旅坦同胞和坦桑观众。

第三，孔子学院打开认识中国文化的窗口。孔子学院是中外文化交流的一张靓丽名片，因为它本身就是中外合作创办的，其目的也是增进世界各国（地区）人民对中国语言文化的了解，加强中国与世界各国教育文化交流合作，发展中国与外国的友好关系，促进世界多元文化发展，构建和谐世界。2005年

---

① 《2019年全球"欢乐春节"活动启动》，人民网—人民日报海外版，2019年1月17日，http：//world. people. com. cn/n1/2019/0117/c1002 - 3055 9970. html。

12月，非洲第一所孔子学院在肯尼亚内罗毕大学建立。越来越多的非洲人走进孔子学院和孔子课堂，学习汉语，感知中国文化。孔院的中方老师也往往是多才多艺，将中国的书法、绘画、武术（特别是太极拳）、美食、传统节日等介绍给非洲朋友，同时也从非洲人那里体验到了非洲文化、风俗习惯的多样性。目前，在非洲46国，共有孔子学院61所，孔子课堂48个[①]，为非洲学生学习中文搭建了重要平台。2018年12月成立的南非西开普大学中医孔子学院成为非洲首家中医孔子学院，还将中国优秀的传统中医药文化介绍给非洲，进一步拓展了中非文化交流的内涵。事实上，津巴布韦大学教师代表团来华访问时，对中医很感兴趣，并认为津巴布韦也有传统草药，希望能从中医中汲取经验，发展自己的传统医药。类似这样的交流就非常有意义。

第四，地方文化机构对非交流有声有色。自2010年起，湖南的艺术团体越来越频繁地走进非洲。2014年夏，湖南民乐团、省湘剧院、省杂技艺术剧院远赴贝宁和喀麦隆，唢呐独奏、桑植民歌、湖南花鼓戏、杂技、湘西打溜子，惊艳了当地观众。2015年金秋，湖南电影展播、民俗表演亮相中国湖南—南非北开普省友好活动周。2016年春节，湖南综合艺术团赴非洲赤道几内亚、埃塞俄比亚、南非3个国家参加"欢乐春节·锦绣潇湘"活动。2019年湖南卫视第十八届"汉语桥"世界大学生中文比赛加纳赛区决赛在阿克拉落下帷幕。加纳青年们表演的相声、腰鼓、剪纸、武术、快板、评书，像是一场专业的中国传

[①] 参见国家汉办官网 http：//www. hanban. org/confuciousinstitutes/node_ 10961. htm。

统文化秀。① 云南是我国少数民族聚居最集中的一个省份，开展中非民族文化交流具有得天独厚的优势。据不完全统计，近几年来，云南省级文化系统向非洲国家派出文化交流团组和个人 10 余起共 150 人次，接待非洲国家文化交流团组和个人 5 起 17 人次。② 在坦桑尼亚和加蓬两国的交流演出上，云南文化艺术团表演了民族风情浓郁的云南少数民族器乐联奏，傣族、拉祜族、佤族、哈尼族等民族舞蹈，凸显了云南少数民族服装、舞美、音乐特色。③

第五，民间对非文化交流接地气。2019 年，中国舞蹈家协会顶尖舞者艺术团的 20 位艺术家赴留尼汪、毛里求斯、塞舌尔交流，中国古典舞和民族舞中所蕴含的对大自然、对力量、对美的追求，让非洲人民了解到中华文化的精神魅力。④ 津巴布韦中非经济文化交流研究中心总裁、津巴布韦紫薇花文化传媒有限公司董事长赵科创建的"梦想秀"为津巴布韦青年展示艺术才华提供了一个宝贵的平台。经过几年的发展，"梦想秀"在津巴布韦的名气越来越大。2016 年以来，由津巴布韦"梦想秀"获奖选手组成的"津巴布韦班图艺术团"应中国文化部邀请，先后前往成都、天津、南京、兰州和北京等地进行了巡回

---

① 人民网：《湖南与非洲文教深度交流》，2019 年 6 月 24 日，http：//hn. people. com. cn/n2/2019/0624/c392508 - 33069358. html。

② 云南省文化厅外联处：《云南打上中国外交的快车与非洲文化加深交流》，2017 年，http：//www. whyn. gov. cn/list/view/1/6441。

③ 云南省文化厅外联处：《云南打上中国外交的快车与非洲文化加深交流》，2017 年，http：//www. whyn. gov. cn/list/view/1/6441。

④ 梁燕：《2019：中国文化在海外》，《光明日报》2019 年 12 月 31 日第 16 版。

演出。① 中国人在家门口也能感受津巴布韦民族文化的魅力。女画家许琪萍用中国水彩画将非洲人的节日、宗教仪式、舞蹈、酋长和青年男女表现得淋漓尽致，被文化部列为对非文化艺术交流的主要艺术家。在中国，也活跃着一些非洲明星。例如塞拉利昂的女歌星玛利亚，2007 年，玛利亚获得 CCTV 星光大道周冠军、月冠军、年分赛冠军，2008 年，发行个人单曲《嫁给中国人》，玛利亚还出演了多部电视剧和电影，积极参与中非公益事业。再如，出生于利比里亚的尼日利亚籍歌手郝哥（伊曼纽尔·乌维苏）、郝弟在中国舞台非常活跃，家喻户晓。又如，来自喀麦隆的捷盖，痴迷中国传统文化，拜师学艺，擅长主持、相声、变脸、京剧、唱歌。这些人成为中非民族交流文化融合最接地气的代表者。

（二）中非民族交流文化融合机遇

第一，交流平台更加宽广。2019 年 4 月，中国非洲研究院挂牌成立，为中非学者联合研究交流搭建了一个非常好的平台。今后，中非学者可以将民族文化纳入研究的范围，重点可包括中非文化的共性和差异性，各个民族对真善美的追求应该是共性所在，这也构成了中非命运共同体的基础，而中非民族文化之间的差异，使得文化交流内涵更丰富，人类文明也因此而更加精彩。教育部中外人文高级别交流机制的设立，也给中非人文交往提供了高规格的机制。在中国—南非人文交流机制的支

---

① 引自津巴布韦紫薇花文化传媒公司总裁赵科在 2019 年 5 月 6 日提供的《"梦想秀"简介》。

持下，浙江师范大学非洲研究院、云南大学非洲研究中心均已举办过高水平的中非民族文化交流、非物质文化遗产保护的研讨会和充实的田野调研。参加研讨会和调研的中非学者一致认为收获颇丰，这才是真正的民族文化交流。此外，由中国援建、民营企业四达公司承建的"万村通"卫星电视项目，使得非洲偏远地区的民众能欣赏到高质量的节目，农村儿童可获得更多的教育资源，使中非民族交流文化融合的平台得到了极大的拓展，覆盖了整个非洲。四达公司的数字电视包括国际知名频道、非洲本地频道、中国主流媒体以及四达时代自办频道等480多套节目，涵盖新闻、综合、影视、体育、娱乐、儿童、音乐、时尚、宗教等类型，用英语、法语、葡语、汉语及非洲本地语等10种语言播出。

第二，各方更重视非洲民族文化。无论是国企、民企都注重属地化经营，都重视企业社会责任，注意与当地民众搞好关系，产品设计注意到非洲民族的习俗和口味。例如，由两家中国公司——森大集团和科达洁能合资成立的肯尼亚最大的陶瓷厂特福陶瓷厂，除了在当地修路、打井、设立奖学金之外，还与研究马赛文化的教授合作，协助整理马赛族的历史、文化和生活习俗。通过实地经营，特福陶瓷厂发现肯尼亚人喜欢的瓷砖风格与中国不同，偏爱的是草原风光的瓷砖，而接近米黄色、木色的小瓷砖更受当地人欢迎①。国内高校也加大了对非洲民族的研究。例如，中央民族大学就设立了"非洲民族与文化研究"工作坊，推动学术研究和在非的田野调研。北京外国语大

---

① 界面新闻：《当中国陶瓷厂遇到肯尼亚游牧民族》，2018年10月19日，https：//baijiahao.baidu.com/s？id＝1614716440160096421。

学成立非洲学院，加大了非洲小语种人才的培养。在教育部区域国别研究中心计划的支持下，国内高校非洲国别区域研究中心如雨后春笋般涌现，加大了对非洲国别民族文化的研究力度。

第三，非洲民族文化教育体验基地增多。江苏连云港的非洲艺博馆，除收藏非洲的雕塑、面具等文化遗产外，还试图将中国的陶瓷文化与非洲雕塑进行融合，进行中非合璧的艺术创作。长春雕塑公园非洲博物馆、浙江师范大学非洲博物馆、国家博物馆的非洲雕刻面具木雕精品展、中国美术馆的非洲木雕艺术展、北京通州宋庄的非洲艺术小镇以及湖南何村非洲文化园等等，这些都为国人特别是青少年了解非洲文化、开阔视野，培养人文情怀提供了便利。一些小学还邀请研究非洲的学者进入课堂，给小学生讲非洲，拓宽他们的视野。

第四，非洲日益成为中国公民的旅游目的地。非洲国家不仅有得天独厚的自然风光，还有丰富的人文资源，包括民族文化。近年来，非洲国家加大了对中国游客的吸引力度，一些国家推出签证的便利化或免签政策使得一场说走就走的旅行成为可能。去非洲旅行的中国人，已经不是过去的走马观花式的旅行，而是有许多深度体验，包括对非洲民族文化的认识和感知。而且，他们通过互联网直播平台，将在非洲的所见所闻介绍给国人，让无法去当地的其他人也有身临其境的感觉，加深了他们对非洲文化的感性认识。随着非洲经济社会发展的进步，特别是基础设施的改善，比如直航，以及越来越多国家签证的便利化，非洲将会成为中非民族融合文化交流的热土。

第五，中国对非洲留学生的吸引力与日俱增。近年来，中国加大对非洲留学生的支持力度，来华留学的学生除各类奖学金项目外，还有不少自费到中国高校来留学的，分布在祖国的大江南北、长城内外。在中国较长时间的学习和生活，为他们深度感受中国文化的博大精深提供了绝好的机遇。一些高校还经常组织非洲留学生去当地的民俗文化场所深入体验当地民俗文化、美食、传统节日等。这一群体的不断壮大，也为中非民族交流文化融合提供了源源不断的新生力量。此外，一些非洲高校还举办非洲文化周活动，让非洲留学生现场展示他们的民族文化，与中国学生互动，加深了理解，增进了中非友谊。

（三）中非民族交流文化融合挑战

中非发展历史的差异决定了中非文化的差异，从当前看，中非民族交流文化融合存在的不足主要集中在以下四个方面。

第一，对中非民族文化交流的理解还不够全面。当前，构建更紧密的中非命运共同体是中非关系发展的大方向，在进行中非民族文化交流时，应该首先从这个高度去认清其价值，而不仅仅是当作一个文化的传播过程。其次，现在对文化交流还有一个误区，认为主要是中国文化到非洲去传播交流，而没有考虑到文化交流的互学互鉴。最后，对于文化交流的内涵还不够准确。中非民族交流文化融合到底要交流什么？笔者以为，应该是中非文化中的优秀成分，将有共性的东西提炼出来，还有就是对一些文化特色的保护。然后要抱着一个取长补短的态度，而不是先入为主，或者是猎奇的心态去看待非洲文化。

第二，民族交流文化融合的双向性还不够。中非各族人民都创造了灿烂的文化，而且都在传承和发扬自己的传统文化，特别是非洲民族，对自己的传统文化保留非常完整，即使经过了上百年的西方殖民统治，他们仍然坚守传统文化，这值得我们学习。

第三，对非洲民族文化的研究还不够深入。非洲文化绚烂多彩，但我们对非洲的民族文化研究还不够深入，这样就容易造成一些交流上的困难，在对非洲工作中容易出现一些问题，不利于进行交流互鉴。相比之下，欧美国家对非洲民族文化的研究是非常深入的，不仅有大量的学者长年扎根非洲，研究非洲民族文化宗教，而且欧美国家出版了大量关于非洲民族文化的著作。例如，美国一家出版社就出版了关于非洲每个国家的文化与习俗的著作。这些著作的作者，大都是非洲裔美国人或者是非洲人，因为他们对自己国家、自己民族的文化是非常了解的，所以这些著作就非常接地气，很有参考价值。这一点非常值得我们学习。

第四，应大力弘扬传统文化，增强文化自信。改革开放使中国发生了翻天覆地的变化，为中国民族的伟大复兴奠定了坚实的物质基础。当前，中医在抗击新冠肺炎疫情中发挥了重要的作用，凸显了中国传统医学的珍贵。让青少年从小热爱民族传统文化，传统文化从娃娃抓起，是提高民族文化素养的必由之路。如果我们对自己的传统文化不热爱、不发扬，何谈与非洲民族交流文化融合呢？关于传统文化，我们也要向非洲人学习。非洲人对自己的传统文化和对自然环境的爱护出自内心，因为在他们的传统宗教文化中，"万物有灵"。中国传统文化里有天地人合一的理念，但我们在发展的过程中，有时把它忽视掉了，在和非洲进行文化交流的时候，要重视这一理念。

从中非命运共同体和共同发展需要看，促进民族交流文化融合仍需要再接再厉，并注重以下六个方面的推动。

第一，加大中国文化中心和非洲文化中心交流的力度。鉴于海外中国文化中心在中非民族交流文化中做出了很大的成绩，中国应加大在非洲国家建设文化中心的力度。每个非洲国家的国情不同，在非洲的中国文化中心也不可能有一个统一的模式。但有一点非常重要，即文化中心的定位是明确的，不是输出文化，而是进行文化交流，要在"交流"二字上下功夫。文化中心还要搭建世界民族文化交流的平台。例如，毛里求斯中国文化中心不仅办得很有特色，还同欧美的文化中心合作。此外，也要注意在华非洲文化中心的建设和发展，以突出文化交流的双向性。

第二，加强中非学者联合研究民族文化。中非学者联合研究民族文化，不仅是文献研究，中非学者还可以一起到中国的民族地区做田野调查，以提升对民族文化交流的效果。2019年12月，笔者参加了云南大学和南非一些高校、博物馆的民族文化传承者、非物质文化遗产保护者组织的一场学术研讨会。之后，中非学者还一块到石林县彝族（撒尼支系）村寨进行调研，非洲学者亲身感受到了撒尼文化的精彩，同时也发现撒尼人的乐器、图案、宗教、舞蹈跟自己民族文化都有非常相近的地方，一下子拉近了中非人民之间的距离。类似这样的交流形式，今后应大力提倡。

第三，重视发挥华人华侨和在华非洲人的作用。华人华侨的一大特点是他们保持着浓厚的中国传统文化和中华民族的根。当前，在非洲的华人华侨有百万之众，是一个比较大的群体。

同时，他们在非洲多年，有的已经扎根非洲，对非洲民族文化也是耳濡目染，他们是中非民族交流文化融合的最理想的群体。在广州、义乌等城市，也活跃着不少非洲人的身影，随之而来的是非洲各民族的文化。在中国的很多高校，非洲留学生的数量与日俱增，同时到非洲留学的中国学生或者是访问学者的数量也在增加，还有在欧美国家留学的中国留学生，如果他们的研究题目是关于非洲的，也经常会去非洲实地调研。这些群体将是中非民族交流和文化融合的新生力量，也是中非友好的未来使者。

第四，以平等相互尊重的心态进行交流。文化没有高低贵贱之分，我们在文化交流时，要以一个平等的心态去认识，去进行交流，而不是一个猎奇的心态。我们有时候会在媒体上看到一些报刊的标题，都是非常吸引眼球的，但在介绍某个非洲的民族，刻意突出的是其表面的现象。这就是一种非常不尊重异域文化的心态。这对于中非友谊是非常有害的，而且有时我们会以先入为主的一种方式来判断非洲文化的价值，甚至会引发一些误解和摩擦。中非文化交流时应该保持一种相互欣赏、相互学习、相互借鉴心态。

第五，将民族交流文化融合纳入国民教育体系。中国和非洲国家都是多民族、多宗教和多元文化国家，中非各民族都创造了绚丽多彩、内涵丰富的民族文化，成为人类文化宝库中的组成部分。在经历了殖民或半殖民统治和西方文化入侵之后，中非各民族仍顽强保持着各自文化的活力，固守着民族之根，显示了顽强的生命力和活力。因此，要将民族交流文化融合的内容纳入国民教育体系，在构建人类命运共同体大业面前，这一点尤为重要。

  第六，加强同非洲国家传承民族文化的国际合作。中国和非洲都经历过西方列强的侵略，不少珍贵文物流失海外。为了保护文化传统，中国和非洲都有追讨海外文物的计划。在这方面，中国可以加强同非洲国家和相关国际组织，如联合国教科文组织、国际刑警组织等的合作和相互支持。此外，关于文化遗产的保护，文物的修复、考古人才的培养、中非联合考古、博物馆之间的交流，都非常重要，应该加大工作力度。中国还可以依托春节、端午节、中秋节等传统节日，开发一些中国文化品牌，与非洲国家展开交流与合作。非洲国家的一些代表性的节日习俗，也可以介绍到中国。此外，"一带一路"为世界发展提供一个更加广阔的开放平台，这里面也包括民族文化的交流。在进行中非民族文化交流的同时，中非也可以与其他国家开展国际合作，例如，在文物保护和考古方面，可以开展中国欧美非洲三方合作。

九 "一带一路"倡议与中非民心相通[*]

国之交在于民相亲,民相亲在于心相通。人文交流是国与国、民与民之间增进了解、建立互信、沟通民心的桥梁,是中非友好关系全面深入发展的强大动力。"一带一路"倡议高度重视人文交流和文明互鉴,在文化、教育、科学、卫生、体育、媒体、智库等诸多领域开展交流合作,为"一带一路"建设夯实民意基础,筑牢社会根基。中非合作共建"一带一路",着力打造中非民心相通工程,为构建更加紧密的中非命运共同体做出积极贡献。

(一)"一带一路"倡议下中非文化交流合作

中国与非洲都拥有悠久灿烂的文化,中国是四大文明古国之一,非洲是人类文明的发祥地之一,双方文化交流源远流长。在"一带一路"倡议下,中非在彼此尊重对方文化的基础上,积极开展文化交流,深化文明互鉴,既有利于促进中非民心相

---

[*] 吴传华,中国非洲研究院副研究员。

通，也有利于维护世界文化多样性。

第一，中非文化交流机制不断完善。中国与所有非洲建交国家都签署了政府间文化合作协定，并不间断地签署年度执行计划，为双方开展文化交流提供重要保障。近年来签署的文化协定执行计划有《中国与埃及文化合作协定2015—2018年行动计划》《中国与塞内加尔文化合作协定2017—2019年行动计划》《中国与津巴布韦文化合作协定2020—2023年执行计划》等。2014—2015年，中国与南非互办"国家年"，全方位、多形式地展示本国文化与国家形象。如此大规模的人文交流活动在中南、中非关系史上尚属首次。2016年，中国与埃及互办文化年，庆祝两国建交60周年。其间双方共举办各类文化交流活动百余项，遍布两国25个重要省市，参与人数和受众人数史无前例。中埃文化年是中国与阿拉伯国家举办的首个文化年，是世界两大古老文明在新时代交流互鉴的一大盛事。2017年4月，中国—南非高级别人文交流机制正式建立，这是中国与非洲国家首次建立此类机制，旨在推动中南人文交流与合作全方位、高层次发展，夯实中南友好关系的社会民意基础，并引领中非关系发展。2019年，为庆祝中国与赞比亚建交55周年，两国互办文化年，深化两国传统友谊，推动双方文旅合作。

第二，中非文化交流向常态化发展。"一带一路"倡议下，中非文化艺术团组互访交流频繁。中国文化艺术团组访问非洲各国，为非洲人民带来武术、杂技、歌舞、民乐、京剧、川剧等丰富多彩的中国文化艺术表演，以及反映中国传统与现代的各种展览。非洲文化艺术团组访华，让中国人民在家门口就能领略到原汁原味的非洲歌舞表演，聆听到独具特色的非洲鼓、木琴、拇指钢琴演奏，欣赏到独具特色的埃及纸莎草画、坦桑尼亚廷嘎廷嘎画、津巴布韦石雕、非洲木雕等展览。此外，中非艺术团越来越多地相互参加对方国家举办的大型国际艺术节，成为近年来中非文化交流的一大亮点，也逐渐成为一种文化交流常态。如中国艺术团参加南非国家艺术节、埃及"阿斯旺国际文化艺术节"、津巴布韦"哈拉雷国际艺术节"、尼日利亚"阿布贾嘉年华"等；非洲国家艺术团来华参加中国国际合唱节、"相约北京"艺术节、上海国际艺术节、成都国际非物质文化遗产节等。这些艺术节为促进中非文化交流提供了重要舞台。2019年是中华人民共和国成立70周年，中国驻非洲各国使馆举办了一系列丰富多彩的文化庆祝活动，中国艺术团还前往塞内加尔、博茨瓦纳、安哥拉等国进行文艺演出，与非洲人民同乐，也掀起了一次中非文化交流的高潮。

第三，中非文化交流向品牌化发展。经过多年打造，中非文化交流逐步形成了一些知名文化品牌。海外"欢乐春节"活动自2010年开始举办，逐步发展成为具有世界影响力的中国对外文化交流闪亮品牌。坦桑尼亚是最早举办"欢乐春节"活动的国家之一，到2020年已连续举办11届，是"欢乐春节"走向世界、走进非洲的一个缩影。"一带一路"倡议为扩大中非人文交流创造了条件，也为"欢乐春节"更多地走进非洲千家万户提供了契机。2020年"欢乐春节"活动又在南非、纳米比亚、塞内加尔、科特迪瓦、吉布提等许多非洲国家举办。"欢乐春节"影响越来越大，成为促进中非文化交流的一个重要舞台，增进中非人民友谊的一种重要方式。其他的中非文化交流品牌，如"中非文化聚焦"始于2008年，逢双年在中国举办

"非洲文化聚焦"活动，逢单年在非洲举办"中国文化聚焦"活动。"中非文化人士互访计划"旨在突破政府团、演出团、展览团"老三样"，打造中非文化艺术界人士互访交流的平台。"中非文化合作伙伴计划"旨在建立中非文化机构之间对口交流合作的平台，推动中非各100家文化机构建立长期稳定的合作关系。此外，在"一带一路"倡议下，丝绸之路国际剧院、博物馆、艺术节、图书馆、美术馆联盟逐步建立并完善，非洲国家的文化机构也加入其中。

第四，中非影视合作成效显著。中非影视交流与合作起步虽然较晚，但是发展势头良好。2011年11月斯瓦希里语翻译配音版中国电视剧《媳妇的美好时代》在坦桑尼亚国家电视台首播，这是第一部以斯瓦希里语译配的中国电视剧。2013年3月习近平主席访问坦桑尼亚时专门提到了该剧，从而使其更为名声大噪。此后《媳妇的美好时代》又被译制成英语、法语、阿拉伯语、豪萨语、葡萄牙语等版本，在纳米比亚、肯尼亚、乌干达等20多个非洲国家热播。《媳妇的美好时代》开启了中国影视作品以本土化方式走进非洲的序幕。在此基础上推出"中非影视合作工程"，挑选优秀的中国电视剧、电影、动画片和纪录片，将它们分别译成多种非洲语言，并请非洲配音演员进行配音，译配完成后供非洲国家媒体播出。照此模式，第一部阿拉伯语版中国电视剧《金太狼的幸福生活》在埃及国家电视台播出，第一部豪萨语版中国电视剧《北京爱情故事》在尼日利亚国家电视台播出。对此，尼日利亚官员曾表示："将中国电视剧翻译成尼日利亚的民族语言，充分体现了中国对尼日利亚人民和民族文化的尊重。"① 与此同时，中国大力支持非洲影视业发展，积极参与南非举办的"非洲电视节"、桑给巴尔国际电影节等。2017年10月首届中非国际电影节在南非开普敦成功举办，"北京影视剧非洲展播季"从2014年开始已连续举办6年，"非洲万场电影放映工程"已在南非、纳米比亚、坦桑尼亚等国开展。总之，中非影视交流与合作呈现由点及面、全面开花之势，对促进中非文化交流大有裨益。

第五，中国文化中心在非洲的影响力提升。在海外设立文化中心是中国政府为扩大对外文化交流而采取的一项重大措施。1988年7月毛里求斯中国文化中心成立，这是中国在非洲，也是在海外设立的第一个文化中心。同年9月，贝宁中国文化中心建成，成为中国在非洲，也是在海外设立的第二个文化中心。此后海外中国文化中心建设进入了十多年的停滞期，直到2002年10月埃及开罗中国文化中心落成，这是中国在非洲，也是在海外设立的第三个文化中心，同时拉开了海外中国文化中心建设全面快速发展的序幕。截至2019年年底，中国共在非洲设立了6个文化中心，除上述3个以外，还有尼日利亚中国文化中心（2013年9月建成）、坦桑尼亚中国文化中心（2015年12月建成）和摩洛哥拉巴特中国文化中心（2018年12月建成）。作为派驻非洲国家的官方文化机构，中国文化中心常年开展各类文化活动，帮助当地民众了解中国，体验中国文化，在促进中非文化交流、增进中非友谊方面发挥了积极作用。

第六，中国对非洲文化人才培训不断加强。文化人才培训

---

① 刘志敏：《中国国际广播电台挂牌成立国家多语种影视译制基地》，国际在线，2014年1月23日。

既是中非文化交流与合作的重要内容，也是中国对非洲发展援助、中非合作开发人力资源的重要组成部分。在"一带一路"倡议下，中国对非洲文化人才培训成效显著。2015年《中非合作论坛约翰内斯堡行动计划（2016—2018年）》提出三年内为非洲培训一千名文化人才的"千人计划"，2018年《中非合作论坛北京行动计划（2019—2021年）》提出"根据非方需要推进和扩大对非文化人力资源培训"。为落实该计划，中国专门为非洲国家举办了一系列文化研修班、培训班，包括武术培训、杂技培训、舞狮培训、竹编培训、陶艺培训、刺绣培训、声乐舞蹈、游戏动漫、影视制作、文物修复、非遗保护与传承、图书馆管理、剧院管理、文化创意等。本着"授人以渔"的原则精神，中国为非洲国家培养了大批文化人才，有利于这些国家增强文化能力建设，促进文化事业和文化产业发展。对中非关系而言，文化人才培训本身也是促进相互认知、加深彼此友谊的重要渠道，非洲学员不仅接受专业培训，同时学习中国传统文化，了解中国社会发展状况，感受中国人民的友好热情，从而增加对华认同感、友好感和亲近感，他们回国以后也是对华友好的重要力量，是促进中非友谊的重要桥梁。

（二）"一带一路"倡议下中非教育交流合作

教育是立国之本、强国之基，教育兴则国家兴，教育强则国家强。教育交流与合作是中非关系的重要组成部分，是中非全面友好合作的重要内容。在"一带一路"倡议下，中非教育交流与合作不断取得新进展，呈现出规模日益扩大、领域不断拓展、形式趋于多样、层次逐步提升等特点，在交流合作机制、留学生教育、孔子学院建设、高校交流合作、职业技术教育合作、教育领域援助等方面取得显著成果。

第一，中非教育交流合作机制不断完善。中国已经同所有非洲建交国家，包括2016年复交的冈比亚和圣多美与普林西比在内，都建立了教育交流与合作关系。中国与许多非洲国家签署了政府间教育交流与合作协定，并与阿尔及利亚、毛里求斯、喀麦隆、埃及4国签署了学历、学位互认协议。历届中非合作论坛都把教育合作列为重要内容，并提出一系列务实举措。如《中非合作论坛约翰内斯堡行动计划（2016—2018年）》提出，中方将向非洲国家提供2000个学历学位教育名额和3万个政府奖学金名额；《中非合作论坛北京行动计划（2019—2021年）》提出，中方将为非洲培训1000名精英人才，提供5万个中国政府奖学金名额和5万个研修培训名额，为非洲培养更多各领域专业人才。截至2020年年初，中国已同44个非洲国家及非盟签署了"一带一路"合作文件，为中非之间深化包括教育在内的各领域合作创造了良好条件。

第二，中非留学生教育合作发展非常迅速。留学生教育一直是中非教育合作的重要内容，是中非人文交流重要形式，是中非文明互鉴的重要体现。2000年中非合作论坛设立以来，来华学习的非洲留学生呈逐年增长之势。"一带一路"倡议为非洲青年学子赴华留学进一步创造了良好条件。2012年《中非合作论坛北京行动计划（2013—2015年）》宣布中国政府将实施"非洲人才计划"，为非洲提供1.8万个政府奖学金名额。2015年《中非合作论坛约翰内斯堡行动计划（2016—2018年）》提出，中国将为非洲提供 3 万个政府奖学金名额，同时还提供 2000 个学历学位教育名额。2018 年《中非合作论坛北京行动计划（2019—2021 年）》将中国为非洲提供的政府奖学金名额增至 5 万个，达到历史之最。除了上述累计近 10 万个中国政府名额以外，还有地方政府奖学金、高校奖学金、企业奖学金等，使中国为非洲提供的奖学金来源和形式趋于多样化。与此同时，自费来华学习的非洲留学生也大幅增长，并在 2005 年首次超过了政府奖学金留学生。据中国教育部数据，2018 年共有来自 196 个国家和地区的 492185 名各类外国留学人员在华学习，其中非洲留学生 81562 人，占外国留学生总数的 16.6%，在各大洲中仅次于亚洲，中国已成为非洲学生的重要留学目的国。①

第三，中非合作建设孔子学院成就显著。肯尼亚内罗毕大学孔子学院是中非合作设立的第一家孔子学院，于 2005 年 12 月正式揭牌。此后孔子学院在非洲大陆遍地开花，截至 2020 年年初，共有 46 个非洲国家设立了 61 所孔子学院和 48 个孔子课堂，非洲成为全球孔子学院办学成效最好的地区。2017 年，非洲各孔子学院注册学员达 15 万人，其中有 3 所注册学员超过了 1 万人，举办各类文化活动近 2500 场。汉语教学在融入当地教育方面取得积极进展，已有 14 个非洲国家将汉语教学列入本国国民教育体系，21 所孔子学院所在的大学开设了中文专业，36 所孔子学院所在的大学开设了汉语学分课程。② 此外，非洲各

---

① 中国教育部：《2018 年来华留学统计》，2019 年 4 月 12 日，http://www.moe.gov.cn/jyb_xwfb/gzdt_gzdt/s5987/201904/t20190412_377692.html。

② 朱宛玲：《国家汉办负责人：本土化程度高是非洲孔子学院快速发展的重要原因》，2018 年 5 月 16 日，https://www.fmprc.gov.cn/zft/chn/jlydh/mtsy/t1559770.htm。

孔子学院还面向当地政府部门、中小学和相关企业等提供汉语教学和培训服务。经过15年的发展，孔子学院已成为中非教育合作的一个闪亮品牌，为推动中非人文交流、促进中非民心相通做出了积极贡献。

第四，中非高校交流合作持续扩大。"一带一路"倡议大力支持中非高校之间的交流与合作，包括教师互访、学生交流、师资培训、学术研讨、联合研究、研究生培养、课程开发以及合建孔子学院等方面。"中非高校20+20合作计划"自2010年6月正式启动，旨在引导鼓励中非高校之间建立长期稳定的合作伙伴关系，建立中非高校交流合作的机制与平台，全面深化中非教育合作。在该计划下，确定北京大学、天津中医药大学、苏州大学等20所中方大学与埃及开罗大学、加纳大学、尼日利亚拉各斯大学等20所非方大学分别建立"一对一"的关系。中国教育部对参与该计划的中非高校在交流互访、联合研究、项目经费、奖学金名额等方面给予大力支持。近10年以来，"中非高校20+20合作计划"在促进中非高校交流、深化中非教育合作方面发挥了积极作用。

第五，中非职业教育合作日益加强。非洲经济社会发展和工业化需要大量职业技术人才，中非共建"一带一路"也需要大批高技能人才。在此背景下，中非职业技术教育合作不断加强，包括中国为非洲国家援建职业教育机构，派遣中国教师到非洲国家职业院校任教，接受非洲留学生到中国职业院校学习，为非洲开展各类职业技术培训，中非合办职业技术教育等。2018年9月中非合作论坛北京峰会上，习近平主席宣布将与非洲国家合作设立10个鲁班工坊，向非洲青年提供职业技能培训。目前已在吉布提、肯尼亚、南非和马里建成了4个鲁班工坊，埃及、尼日利亚等国的鲁班工坊建设正在积极推进之中。中非职业技术教育合作对于加强非洲人力资源开发、提升非洲青年就业率、促进非洲经济社会发展具有实际意义，也有助于推动中国优质职业教育资源"走出去"，提升中国职业教育的国际化水平。

第六，中国对非洲教育援助不断加大。教育援外是中国对非洲援助的重要组成部分，中国政府历来非常重视对非洲国家教育领域的援助，并且不断加大援助力度。在"一带一路"倡议下，中国大幅增加奖学金名额，为非洲国家培养了大批各领域的专业人才；扩大各级学校教师来华培训规模，提升非洲国家师资水平；举办非洲国家大学校长研修班，加强双方在高校办学方面的交流与合作；派遣大批援外教师，帮助非洲国家提升教育水平；继续无偿援建各类学校，加强非洲国家教育基础设施建设；提供大批教学设备，改善非洲国家学校教学设备短缺或落后的状况。在援建学校方面，新近建成或在建的学校项目有吉布提基础教育学校、肯尼亚内罗毕大学孔子学院、坦桑尼亚达累斯萨拉姆大学中国图书馆、佛得角大学新校区、厄立特里亚科技学院、布隆迪职业技术学校、赤道几内亚职业技术学校、科特迪瓦精英学校、纳米比亚毛泽东主席中学、博茨瓦纳莫帕尼小学等。中国的教育援助不仅极大地促进了非洲国家教育事业发展，有助于解决非洲国家发展面临的人才瓶颈问题，为非洲国家经济和社会发展提供智力支持，而且培养了大批知华、友华力量，为中非友谊不断加深、中非关系顺利发展奠定了良好的社会基础。

（三）"一带一路"倡议下中非医疗卫生合作

医疗卫生事关人民的健康和福祉，是全球发展领域的重要议题。非洲医疗卫生条件总体落后。2014年西非地区埃博拉疫情和2020年全球新冠肺炎疫情均凸显了国际卫生合作的重要性。中非医疗卫生合作是中非关系的重要组成部分，是中非友谊的伟大历史见证，也是中非命运共同体的生动写照。

第一，中非医疗卫生合作机制不断完善。医疗卫生合作一直是中非合作论坛的重要内容。"中非公共卫生合作计划"位列2015年中非合作论坛约翰内斯堡峰会提出的中非"十大合作计划"之一。"实施健康卫生行动"是2018年中非合作论坛北京峰会提出的中非合作"八大行动"之一。足见中非双方对医疗卫生合作的高度重视。为了加强规划和引领，中非医疗卫生领域高层对话必不可少。2013年8月，首届中非部长级卫生合作发展会议在北京举行，通过了《北京宣言》成果文件。2015年10月，第二届中非部长级卫生合作发展会议在南非开普敦召开，通过了《开普敦宣言》及其实施框架。2017年4月，中非部长级医药卫生合作会议在南非比勒陀利亚召开，通过了《中非卫生合作，从承诺到行动》联合声明。2018年8月，中非卫生合作高级别会议在北京召开，通过了《中非卫生合作2018北京倡议》成果文件。此外，中非卫生合作国际研讨会已举办了6届，为提升中非医疗卫生合作水平献计献策。

第二，中国长期向非洲国家派遣医疗队。1963年4月，应阿尔及利亚政府求援，中国向该国派出了首支援外医疗队。近

60年来，中国援外医疗队遍布亚洲、非洲、拉丁美洲、欧洲、大洋洲等世界各地发展中国家，其中非洲一直是中国派遣援外医疗队最主要的地区。中国援非医疗队持续时间最长、派遣人数最多、诊疗人数最多，成效最显著，影响最深远，成为中国与发展中国家友谊与合作的一面旗帜。截至2019年，中国共向世界71个国家派遣援外医疗队员2.6万人次，累计诊治患者约2.8亿人次，并为当地培训了数以万计的医护人员，有近2000人次获得受援国政府授予的各种荣誉嘉奖，同时有51人献出了宝贵生命。目前共有57支中国援外医疗队、1082名医疗队员分布在世界56个国家、117个工作点，其中非洲有45个国家，973名医疗队员。[①] 中国援非医疗队本着"不畏艰苦，甘于奉献，救死扶伤，大爱无疆"的精神，以高尚的医德和精湛的医术造福当地人民，为促进非洲医疗卫生事业发展做出了积极贡献，也为增进中非友谊发挥了不可替代的特殊重要作用。

第三，中国支持非洲抗击埃博拉病毒疫情。2014年西非地区几内亚、利比里亚、塞拉利昂等国暴发埃博拉病毒疫情，给非洲乃至国际社会的公共卫生安全带来严重威胁。在危急时刻，中国政府迅速采取行动，第一个派出医疗队赴疫区抗击疫情，第一个派遣包机向疫区运送紧急救援物资，开展了历史上最大规模的医疗卫生援外行动。中国累计向疫区及周边共13个国家提供了4轮总价值超过1.2亿美元的紧急援助，派遣医护人员1200多名；为塞拉利昂援建固定生物安全实验室，为利比里亚援建治疗中心；向几内亚、塞拉利昂、利比里亚等11国派遣

---

① 金振娅：《那些被救的生命永远铭记你们——中国援外医疗队派遣56周年综述》，《光明日报》2019年11月13日第15版。

30多批公共卫生、临床医疗和实验室检测专家组；累计完成公共卫生培训1.2万人次，提升有关国家疫情防控和公共卫生能力建设。① 中国的"无价、无私贡献"为最终战胜埃博拉病毒疫情发挥了关键性和引领性的重要作用，赢得了非洲和国际社会的广泛赞誉，是载入中国对非医疗卫生援助和国际对非医疗卫生合作史册的重大事件，是患难与共的中非命运共同体的真实写照，也为构建人类命运共同体树立了典范。

第四，非洲支持中国抗击新冠肺炎疫情。2020年伊始，中国暴发了严重的新冠肺炎疫情，成为一次传播速度快、感染范围广、防控难度大的重大突发公共卫生事件。在抗击疫情的过程中，非洲国家和人民坚定同中国站在一起。许多非洲国家领导人及非盟委员会主席致函中国领导人，对中国抗击疫情表示慰问和支持。非盟执行委员会发表公报称，非盟所有成员国一致支持中国抗击疫情。非洲国家卫生部长会议、西非国家经济共同体卫生部长会议、南部非洲发展共同体卫生部长会议都对中方抗疫努力给予积极评价。一些非洲国家在自身条件有限的情况下，向中国提供了抗疫物资和资金捐助。埃及总统塞西派卫生部长作为特使专程来华表达慰问和支持，并向中国赠送抗疫医用物资。在2008年汶川地震后向中国捐赠100万欧元的赤道几内亚又在第一时间站出来，决定向兄弟般的中国捐助200万美元，以支持中国抗击疫情。钱物有价，情谊无价，中国人民将一直铭记这份厚重情谊。当前，非洲国家也面临较高的疫

---

① 中国政府网：《金小桃副主任出席非洲抗击埃博拉国际大会》，2015年7月23日，http://www.gov.cn/xinwen/2015-07/23/content_2901478.htm。

情输入风险,已有多国出现确诊病例,抗疫形势不容乐观。正如2014年抗击埃博拉病毒疫情一样,在非洲兄弟需要帮助的时候,中国从不会缺席,将会同样伸出援手,积极同非洲国家分享抗疫经验,加强抗疫合作,提供抗疫支持,共同为维护地区和全球公共卫生安全做出贡献。相信在中国、非洲和国际社会的共同努力下,人类一定能够战胜新冠肺炎疫情。也相信"经过这次疫情的洗礼,中非人民的友好情谊将更加深厚,中非命运共同体将更加牢固"[①]。

第五,中国支持非洲加强医疗卫生能力建设。"一带一路"倡议下,中国政府继续为许多非洲国家无偿援建医院,改善医疗卫生基础设施建设,新近建成或在建的医院项目有南苏丹朱巴教学医院、安哥拉罗安达省总医院、毛里塔尼亚努瓦克肖特大学医学院等。中国还向非洲国家医院捐赠医疗设备和药品,以缓解当地缺医少药的局面;加大医疗卫生领域人才培训力度,为非洲国家培训了大批医护人员和公共卫生专业人才;帮助非洲国家建立专科诊疗中心,如眼科中心、创伤中心、微创外科中心、骨科门诊等;支持中非双方医院建立长期稳定的对口合作关系,通过人员交流、医护培训、专业科室建设等方式提升非洲国家医院的诊疗水平。埃博拉疫情之后,中国大力支持非盟加快建设非洲疾病预防控制中心,全面增强非洲公共卫生体系和医疗卫生能力建设。

第六,中非医疗卫生合作模式不断创新。随着形势发展和

---

① 新华社北京2月10日电:《习主席向非方一周两次致电致函,传递什么信息》,2020年2月11日,http://www.xinhuanet.com/politics/leaders/2020-02/11/c_1125556441.htm。

多年经验积累，中非医疗卫生合作积极探索和尝试新模式。一是开展援外医疗巡诊活动。如"光明行"活动自2010年实施以来，已在津巴布韦、莫桑比克、吉布提、苏丹、埃塞俄比亚等许多非洲国家开展，通过中国医生的免费手术治疗，上万名非洲白内障患者得以重见光明。这种援外医疗巡诊活动更有针对性，更具灵活性，成效也很显著，开创了中国援外医疗工作的新模式。二是加强专项疾病防控。中国与非洲合作开展控制疟疾项目，支持非洲2030年加速消除艾滋病、肺结核和疟疾框架，与国际社会共同推动全球疟疾控制和清除目标。近年来，中国与科摩罗合作实施青蒿素复方快速控制疟疾项目，8年内将该国疟疾死亡人数降至为零，这是中非之间进行专项疾病防控合作的一次成功尝试。未来几年，除了在肯尼亚、马拉维、多哥等国运用该模式建立抗疟示范区以外，中国还将在防治艾滋病、结核病等领域与非洲国家开展合作。三是加强国际多边合作。2015年4月，中国疾控中心与非盟8个成员国以及世界卫生组织、美国疾控中心、非洲实验医学协会等多家机构共同参与了非洲疾控中心建设筹备工作。中非在医疗卫生领域开展多边合作的态势将会继续加强，合作主体呈现多元化。

（四）中非在其他人文领域的交流合作

人文交流与合作领域广，范围大，涉及面广。除了上述文化、教育、医疗卫生等领域外，中非在媒体、智库、青年等诸多领域的人文交流与合作亦呈现日益扩大、全面开花的良好势头。

第一，中非新闻媒体交流合作日益扩大。中非关系顺利发展需要双方新闻媒体界加强沟通，增进交流，扩大共识，加强合作，共同营造一个客观公正、积极有益、良好友善的舆论环境。近年来，中非新闻媒体界顺应时代潮流，在互设新闻机构、互派媒体记者、信息互换、联合采制、人员培训、行业研讨、新媒体领域以及合作机制建设等方面的合作不断扩大，对于增进中非人民相互了解、营造中非合作良好的舆论氛围发挥了重要作用。

随着中非合作全面深入发展，中国主要新闻媒体机构，如新华社、人民日报社、中央电视台、中国国际广播电台等，都陆续在非洲设立分社、分台、记者站等，加强与非洲在新闻媒体领域的合作，以不同于西方媒体的视角，向世界客观公正地报道非洲和中非关系。非洲媒体记者来华采访方面，从2014年开始由中国公共外交协会主办"中非新闻交流中心"项目，每年邀请一批来自不同非洲国家的记者来华进行为期10个月的交流采访，全面了解中国国情和中非关系，以非洲媒体的独立客观视角来撰写关于中国和中非关系的报道，从而正确引导非洲和国际舆论。2018年起，该项目改名为"中国国际新闻交流中心非洲分中心项目"。

为了全面加强中非媒体之间的交流合作，首届"中非媒体合作论坛"于2012年8月在北京召开。此后形成了每两年举办一届的机制化安排，至2018年已经举办了四届。中非媒体合作论坛规模大、范围广、规格高，成为名副其实的中非媒体界最大盛会。论坛议题非常广泛，取得成果丰富，首届论坛共签署9项合作协议，第二届增至19项，第三届和第四届分别为15

项和12项。与会各方就增强中非媒体国际话语权达成重要共识，推动中非媒体交流与合作向纵深发展。

第二，中非智库交流合作不断加深。随着中非关系快速发展，双方都认识到思想文化交流及学术交流的重要性，日益重视发挥智库的作用。在此背景下，中非智库论坛于2011年创立，迄今已分别在中国、埃塞俄比亚、南非等国成功举办8届会议，中非智库论坛已成为中非合作论坛框架下的一个重要机制化分论坛。中国和非洲国家的许多智库、研究机构及高校都是中非智库论坛的重要参与方，为推动中非智库交流与合作、加强中非学术联合研究做出了积极贡献。

中非智库"10+10合作伙伴计划"于2013年10月启动，旨在推动中非学术界建立长期稳定的合作关系，中国社会科学院西亚非洲研究所与塞内加尔非洲社会科学研究发展理事会、北京大学非洲研究中心与摩洛哥穆罕默德五世大学非洲研究所、浙江师范大学非洲研究院和尼日利亚国际问题研究所等中非各10家研究机构结成合作伙伴关系。此外，中非联合研究交流计划已实施多年，形成了一系列有价值的思想学术成果。中非智库交流与合作从少到多，由浅入深，成果不断积累，研究队伍日益壮大，为推动中非关系更好发展建言献策，提供理论支撑和智力支持。

为了进一步促进中非人文交流，深化中非文明互鉴，习近平主席在2018年9月中非合作论坛北京峰会上宣布"中国决定设立中国非洲研究院，同非方深化文明互鉴"[1]。设立中国非洲

---

[1] 新华网：《习近平在2018年中非合作论坛北京峰会开幕式上的主旨讲话（全文）》，2018年9月3日，http://www.xinhuanet.com/world/2018-09/03/c_129946128.htm。

研究院是中非合作"八大行动"中"人文交流行动"的首项任务。2019年4月9日，中国非洲研究院成立大会在北京隆重举行，习近平主席专门发来贺信，"希望中国非洲研究院汇聚中非学术智库资源，增进中非人民相互了解和友谊，为中非和中非同其他各方的合作集思广益、建言献策，为促进中非关系发展、构建人类命运共同体贡献力量"[①]。中国非洲研究院以习近平主席贺信精神为建院之本、强院之魂，着力发挥好"四大功能"：一是交流平台功能，密切中非学术交往，在推动中非文化融通、政策贯通、人心相通方面发挥积极作用；二是研究基地功能，组织开展中非联合研究，为中非加强战略对接、打造更高水平的中非全面战略合作伙伴关系建言献策；三是人才高地功能，在培养青年专家、扶持青年学者、培养高端专业人才方面做出积极贡献，为中非人文交流构建强大人才梯队；四是传播窗口功能，讲好中非友好合作故事，为中非友好合作营造良好的舆论环境。

第三，中非青年交流铸就未来。习近平主席指出，中非关系是面向未来的事业，需要一代又一代中非有志青年共同接续奋斗。为了加强中非青年之间的交流，首届中非青年领导人论坛于2011年5月在南部非洲国家纳米比亚首都温得和克成功举行。此后双方同意将该论坛机制化，配合中非合作论坛部长级会议或者峰会，每三年一届，在中国和非洲轮流举办。据此安排，第二届论坛2012年6月在北京举行，配合中非合作论坛第五届部长级会议。第三届论坛2015年3月在坦桑尼亚知名城市

---

① 新华网：《习近平向中国非洲研究院成立致贺信》，2019年4月9日，http：//www.xinhuanet.com/politics/leaders/2019-04/09/c_11243435.htm。

阿鲁沙举行，配合中非合作论坛约翰内斯堡峰会暨第六届部长级会议。第四届论坛于2018年5月在深圳举行，配合中非合作论坛北京峰会。该论坛在创立伊始有中国和18个非洲国家的青年代表参加，从第二届开始便增至中国和近40个非洲国家的青年代表参加，显示了极大的吸引力和号召力。

为了加强中非青年交流，增进中非青年友谊，夯实中非友好基础，2015年中非合作论坛约翰内斯堡峰会提出举办中非青年大联欢活动。2016年8月，首届中非青年大联欢活动在广州举行。2017年4月，第二届中非青年大联欢活动在南非比勒陀利亚举行。2018年6月，第三届中非青年大联欢活动在北京举行。本届联欢活动以"凝聚青春梦想，共创中非关系新时代"为主题，邀请了中非合作论坛53个非洲国家及非盟的105名青年领袖、执政党青年事务负责人、青年企业家等杰出代表访华，首次实现了中非合作论坛全体成员的"青年大团圆"。中非青年交流的参与者越来越多，形式更加多样化，活动更加富多彩，有利于增进中非青年之间的相互了解和彼此友谊，增强他们投身于中非友好合作的使命和担当。

总之，在"一带一路"倡议下中非人文交流日益扩大，对于促进中非民心相通发挥了重要作用。但是不可否认，相对于政治交往和经贸合作，中国的对外人文交流处于弱势地位，体现在中非关系中也是如此，即政治交往、经贸合作是强项，人文交流是弱项。在新时代中国特色大国外交中，在合作建设"一带一路"过程中，人文交流应当与政治交往和经贸合作具有同等重要的地位，可以称为"三大支柱"或"三轮驱动"。为此，中非双方需要进一步加强对话，密切合作，进行顶层设计，制定总体规划，明确长远目标和优先发展战略，整合各方资源，提供政策支持，付诸实际行动，推动中非人文交流与合作不断迈上新台阶，着力打造"民心相通"工程，为"一带一路"建设顺利进行，为中非关系健康稳定发展，为构建更加紧密的中非命运共同体提供强大动力，夯实民意基础，筑牢社会根基。

十 "一带一路"倡议与
中非和平安全合作[*]

  非洲自20世纪60年代取得政治独立以来，以地区分离主义、领土争端、国家内战、军事政变等问题为主要内容的和平安全议题，始终是困扰非洲政治有序演进、经济社会持续稳定发展的重要挑战之一。如何更为有效地解决非洲所面临的和平安全，一直是非洲联盟（非洲统一组织）领导下的非洲国际社会的施政重点和对外开展合作的主要焦点。进入21世纪第二个十年以来，非洲面临的和平安全挑战的形式和内涵逐步发生变化，不仅原有的以国家、政党、民族为主体的博弈和对抗，逐步转化为以恐怖主义、族际竞争、跨国犯罪、中小型武器泛滥为主要内容的安全挑战，而且与各个非洲国家乃至次区域范围内的政治、经济、社会、自然环境等方面的关系日益密切，爆发的范围也日益集中在特定的区域之中。从联合国近十年来在全球范围内开展的和平行动来看，耗资、耗时程度最高以及推进难度最大的数项行动均分布于非洲。非洲依然是世界范围内和平安全挑战最为集中和凸显的大陆。

---

[*] 邓延庭，中国非洲研究院助理研究员。

中非历来就是休戚与共的命运共同体，中国在开展对非关系进程中高度重视以和平安全议题为立足点的中非合作。在整个20世纪下半期，中国更多的是通过联合国维和行动等多边机制来参与非洲的和平安全建设。近年来，随着中非关系日益深化，中非双方对双边关系的转型升级的欲求愈发迫切，进一步加强和平安全合作亦成为双方关注的重点。在2018年中非合作论坛北京峰会上，习近平主席主张共同、综合、合作、可持续的新安全观，承诺中非将携手打造安全共筑的中非命运共同体[①]。在北京峰会以及《北京宣言》精神的指导下，中非和平安全合作迎来了全新的发展局面，为支撑新时代中非关系行稳致远，提供了强有力的支持。

（一）中非和平安全合作的成就与机遇

与长期在非洲参与和平安全事务的西方大国有所不同，中国在空间上并不与非洲处在同一个地缘政治圈子之内，而且在近代史中也从来没有殖民非洲或者把非洲看作自己"势力范围""后花园"的情结，因此中国与非洲的和平安全合作并不是以优先巩固自身在非传统利益为基本着眼点。相反，以开放、多边、平等为主要特征的中非和平安全合作，是中国在倡导构建人类命运共同体背景下所提供的国际公共产品在非洲和安事务领域的具体体现，其本质特征是中非在和安领域的互利共赢。具体来看，中非和平安全合作主要取得了如下成就。

---

① 《关于构建更加紧密的中非命运共同体的北京宣言（全文）》，https://www.focac.org/chn/zywx/zywj/t1591944.htm。

第一，以发展为基础：建设可持续的和平。纵览非洲独立以来的发展历程，不难看出隐藏在所有和平安全挑战表象背后的深层次原因，都是因为相关国家治理失序导致的现实发展权益分配失衡。从这个意义上来讲，任何和平安全挑战在本质上都是发展问题。任何忽视非洲和平安全挑战的实质，只单纯从表象或利用军事手段等单一形式解决问题的努力，都难以真正取得理想的成果。在非洲和平安全议题上，中国一直秉承从中非关系的整体层面着眼的原则，将中非政治、经济、文化合作等多维度支持下的非洲发展，作为支撑与推动中非和平安全合作的立足点和动力。从2012年第五届中非合作论坛部长级会议提出了"中非和平安全合作伙伴倡议"，到2015年的中非合作论坛约翰内斯堡峰会上，习近平主席将"坚持安全上守望相助"列为中非全面战略合作伙伴关系的五大支柱之一，并将和平安全合作列入中非合作"十大计划"，再到2018年中非合作论坛北京峰会上，习近平主席再次强调要"携手打造安全共筑的中非命运共同体"，并将和平安全纳入"八大行动"之列，中非和安合作的内涵并不单纯局限于军事领域的交流互动，而是不断发展向前的中非关系在和平安全领域的延伸与具体表现形式，在本质上是用多维度的综合发展来充分化解安全矛盾的解决思路。

中非携手共建"一带一路"倡议，就是中国通过促进非洲发展来解决和平安全问题的有益实践和集中体现。从当前非洲和平安全挑战最为集中的大湖地区、非洲之角、萨赫勒地带来看，刚果（金）东部、尼日利亚北部、马里北部、索马里等地严重落后的社会经济发展与凋敝的民生，不仅是长期动荡的结果，更是引发动荡的因素长期、广泛滋生的土壤。单靠强调建立多元选举制度和军事打击，根本没有触及问题的本质，因而容易陷入长期无解的泥沼。"一带一路"倡议的提出，为非洲国家通过与中国合作来解决发展问题，提供了现实可行的途径。在"五通"原则的引领下，非盟将《2063年议程》以及非洲各国将本国的发展战略与中国改革开放四十年来在资金、技术、人才、产能等方面的优势实现充分结合，为有效突破了长期制约现代化发展的现实瓶颈，寻找到了在实践层面完全可行的途径。通过推动社会经济发展，非洲国家将进一步促进国内各个社会阶层、族群与宗教团体之间的充分融合，通过构建统一的国内市场和各类生产要素的无障碍流动，使国内各个地区、群体都能够在合理分享国家发展红利的基础上，真正公平地享受到现实发展权益，从而逐步从根本上瓦解各类安全挑战产生的基础。

中国倡导的以全面发展促进和平建设的思路得到了非洲社会的广泛认同。2020年2月召开的非盟第33届峰会将消弭枪声和为非洲发展提供更为有利的环境作为年度主题，进一步密切了发展与和平之间的逻辑关系。在全面总结了非洲为什么没能如期完成在2020年全面消弭枪声的既定目标的原因之外，非盟峰会还分析了非洲在妥善解决和平安全挑战方面现实面临的发展障碍。除了谈及和平安全议题本身之外，峰会还提出在2020年7月全面启动非洲大陆自由贸易区的实质性建设，进一步加强非洲国家的经济合作力度，用不断向前的发展来化解矛盾产生的根源[1]。"一带一路"倡议的"五通"原则高度契合

---

[1] Silencing the Gun – 2020, African Union：https：//au.int/en/flagships/silencing-guns – 2020.

自贸区建设背景下的非洲国家发展和全非一体化的需求。通过共建"一带一路",中国将在与非洲分享发展机遇的同时,进一步助力非洲在发展中筑牢和平的根基,确保和平建设的可持续性得到充分的保障。

第二,以非洲为主导:构筑平等的中非安全关系。中非关系的本质特征是互相尊重与平等互利,不干涉非洲国家内政,不把自己意志强加给非洲国家,是中国处理对非关系的重要准则。在2018年中非合作论坛北京峰会上,习近平主席进一步提出了对非合作的"五不""四不能"原则,进一步系统阐述了中国在参与非洲事务上的基本立场。正是基于这种以平等为特征的基本内涵,中国近年来虽然不断加大与非洲开展和平安全事务合作的力度,但从根本上说并没有改变中国不干涉非洲事务的宗旨。中国只是在非洲和平安全事务中发挥建设性参与的作用,并不是主宰者,更不是干涉者。非盟、各类次区域合作组织以及非洲国家,依然是非洲和安事务的核心主导力量。与长期涉足非洲和安事务的西方国家相比,中国在身份定位、角色扮演、发挥作用等多个方面的独特性,是决定中非在和平安全事务上的合作有别于传统域外力量与非洲在和平安全事务上建立的关系的根本保障和指导。

从理念方面的衔接与融合来看,中国提出的与非洲开展和平安全事务合作的目标、任务、途径,是以非洲自主提出的安全治理设想为基础。在中非合作论坛北京峰会上,习主席在提出"八大行动"时,承诺与非洲共同推进和安合作项目,支持非洲落实"消弭枪声"倡议,并且全面提高自主维稳维和能力。事实上,这些原则并非中国自说自话,出于自身的安全利益诉求和安全观而臆想出来，并强迫非洲接受的战略和目标。相反，这些目标全部是非洲独立提出的安全设想。早在非盟成立之初，非洲逐步开始形成加强自主安全管理能力的共识，并与联合国达成共识，在国际社会处理非洲和平安全事务之时，积极支持非洲自主领导的和平安全行动先行进行尝试。从非盟在苏丹达尔富尔地区部署维和行动团到全面承担索马里的和平建设任务，非洲加强自主维和维稳能力的理念在实践中逐步得到贯彻。"消弭枪声"的理念亦来自非洲在和安事务方面的自主规划。为确保给非洲现代化发展建设提供良好的外部环境，早在2013年的非盟峰会上，非洲各国就达成共识，要通过集体努力，在2020年实现全面消弭枪声的目标。至2020年这一目标虽然没有完全实现，但非盟峰会再度重新强调，全面实现这一既定目标的战略规划没有丝毫概念。在非盟《2063年议程》中，非洲建设独立、全面、系统、高效的安全管理能力，不仅被列为非洲积极应对和安事务挑战的重要基础性条件，也被规划为非洲真正实现可持续、包容性发展的关键性前提①。因此，中国提出加强对非安全合作的计划，完全呼应非洲的现实需求，是在非洲现实发展欲求在和安领域给中非关系提出新的命题的形势下，中国积极助力非洲发展建设的具体体现。

从具体措施和成果来看，中非在和平安全领域的合作同样广泛体现出以非洲为主导的指导原则。在中非合作论坛北京峰会上，习主席宣布了中国深化与非洲在和安事务上的具体举措，

---

① Flagship Project 5, African Union Agenda 2063: https://au.int/en/agenda2063.

包括：中国决定设立中非和平安全合作基金，支持中非开展和平安全与维和维稳合作，继续向非洲联盟提供无偿军事援助。支持萨赫勒、亚丁湾、几内亚湾等地区国家维护地区安全和反恐努力；设立中非和平安全论坛，为中非在和平安全领域加强交流提供平台；在共建"一带一路"、社会治安、联合国维和、打击海盗、反恐等领域推动实施50个安全援助项目。这些合作规划无一例外都是以非洲当前处理的热点问题和规划的重点方向为基本立足点，着眼方向是迅速补齐非洲在落实既定和安规划上的能力、设施、资金等方面的短板，确保非洲构建可持续的和平。2019年2月，中非合作论坛共同主席国中国和塞内加尔以及非盟委员会，在埃塞俄比亚举行中非实施和平安全行动对话会，就中非双方加强和安事务合作的具体任务和必要性开展交流对话。与会的中非双方代表以北京峰会的精神为指导，进一步筑牢了加强中非安全合作的共识，并详细梳理了具体合作的脉络和领域，拉开了中非全面深化和安事务合作的序幕。在本次对话上，中国与非盟达成共识，一方面将继续加强对非盟的军事援助；另一方面将从既有对非盟1.8亿美元的军援中划拨出部分专项资金，用于专门支持萨赫勒地区反恐行动和萨赫勒五国联合部队的建设，维护西非地区的和平与稳定。2019年7月，中非和平安全论坛正式举行，中国与非洲国家一致同意以共同的安全观为根本指导，以构建综合的安全为基本着眼点，以坚守合作安全为基本准则，以建构可持续安全为最终目标，构建中国参与非洲和安事务的定期会晤制度平台，让中国在非洲的和安建设中发挥更为积极主动的作用。中非和平安全合作基金的建立，将有效缓解非洲在安全管理方面面临的资金困难、物资匮乏等难题，切实提高非洲在处理和安挑战方面的物质基础。除此之外，中国在联合国等国际多边机制内继续积极呼吁和推动国际社会对非洲构建和平安全秩序的支持，确保非洲依靠自身力量解决非洲和安挑战的能力持续稳定增强。

（二）中非和平安全合作面临的挑战

在充分肯定中非双方在和安领域取得的合作成就的同时，还要清醒地认识到双方合作的进一步深化与可持续发展仍然面临诸多挑战。中国参与和平安全合作并不是影响非洲和平安全事务发展的唯一变量，非洲近年来自身安全状况的变化、非洲经济社会发展与人口增长之间的协调关系，以及域外力量特别是西方大国的干扰，都是中非安全合作发展现实面临的挑战。只有在充分认识到上述各类影响因素带来的不确定性影响，才能客观认识中非安全合作面临的机遇和风险，为中非在和平安全领域全面落实"八大行动"的指导精神。

第一，屡见不鲜的群体暴力。随着非传统安全因素的比重逐步上升，传统的非洲政治对安全行为体的管控约束力度在下降。当前，随着非洲民主化进程的逐步推进，在非洲面临的主要安全挑战中，与以政府为代表的社会治理体系的顶层掌控者相关的安全挑战所占比例正在逐步下降，而社会治理体系作用于基层广大民众的过程中则频繁出现更多问题。换言之，更大比例的安全挑战广泛存在于整个社会治理体系的中下层。这主要表现为，由于政府失策失当、定期多元民主选举、自然灾害爆发、宗教认同冲突等多重因素导致的各种类型的群体性对抗和冲突。由于参与这些活动的主体，大多数并不从属于传统意义上的政治发展的参与者，因而政府对其管控力度相对薄弱，而通过政府、政党、国家间对话协商等传统手段解决问题的可能性相对较低。也正是由于传统意义上的政治发展对这类社会治理体系的参与者的管控力度相对薄弱，因此越来越多的传统政治行为体看到了利用这种空白进行政治投机的可行性，倾向于暗中通过煽动民众骚乱来绑架社会舆论，进而达到自己的政治目的。较为典型的是不少非洲国家定期举行的多党大选，往往最后会沦为各派参选者竞相煽动自己的支持者在街头对垒的局面，最后常常以全国性的暴力和骚乱收场。肯尼亚近年来的发展历程就形象地诠释了这种安全挑战的现实破坏力。尽管肯尼亚通过颁布《2010年宪法》不断推进宪法制度改革，确保国家的民主化进程不会受到破坏，但制度本身更多约束的是高官、政党、议员，对广大民众的管控力度基本没有。这也就是为什么，在严密的宪法制度监督下，肯尼亚仍然会在2017年大选中爆发以讨伐"选举舞弊"为理由的全国性骚乱。尼日利亚、莫桑比克等国在2019年内的大选，同样爆发出类似的全国性安全危机。南非则在2019年因为外籍人士的刑事犯罪问题，引发极右翼势力煽动民众批评政府"歧视"本国民众，进而引发全国性的骚乱。其他非洲国家也在不同程度上存在着类似的问题，有可能因为选举或公众参与国家社会治理的其他机会，导致全国性骚乱的出现。总体来看，以民众暴力为主要内容和特征的安全挑战不仅会大肆破坏当事国政府的施政合法性，而且会将传统政治力量的博弈以更具破坏力的形式转嫁给整个社会，危险程度和解决难度都不容忽视。

第二，不断加剧的族群身份认同矛盾。部分族群之间的矛盾开始逐步升级，导致非洲国家间边界格局存在再次被局部突破的风险。由于历史的原因，非洲众多国家长期面临着境内不同族群之间相互认同程度偏低，缺乏国家共同体的意识，挥之不去的地区分离主义势力长期制约着国家的正常发展，威胁国家的主权和领土完整。经过厄立特里亚、南苏丹独立之后，非洲主要的族群间矛盾暂时趋于缓解，地区分离主义势力呈回落态势。但随着非洲国家逐步将发展重点转向现代化建设，社会经济发展与身份认同分野之间再度出现结构性的矛盾，发展带来的红利如何在不同身份认同群体之间实现公平合理的分配，再度成为引发族群间矛盾的焦点。基于特殊历史、民族、宗教等方面的身份认同，再度成为不同群体争夺现实发展权益的焦点。近年来，非洲多个国家内部出现族群间认同的激化，导致国家陷入安全危机。部分族群间的身份认同冲突演变成为处于弱势地位的族群转向分离主义道路，较为明显的是喀麦隆北部的英语区居民、肯尼亚东部沿海地区的穆斯林居民，主张与所在国其他居民彻底划清界限，一劳永逸地解决自身无法"公平"获得发展权益的问题。与此同时，身份认同冲突与狭隘民族主义、宗教极端主义相结合，在其他国家又导致了恐怖主义的滋生和蔓延，诸如肯尼亚东北部的索马里族、莫桑比克北部的穆斯林群体、乍得湖沿岸的卡努里族、马里东北部的图阿雷格族，认为自己不仅长期在国家发展中被边缘化，而且在国家当前制定的新一轮发展战略中仍然处于被忽视的地位，根本原因在于"异教徒"对国家政权的独揽,因此建议使用暴力抗争,甚至是恐怖主义手段来"维权"。2018年以来,不仅萨赫勒地带、非洲之角等地包括恐怖主义在内的各类暴力事件呈现上升态势,而且还表现出向南部非洲等其他次区域加速渗透的态势。

第三,发展滞后与人口增长之间的结构性矛盾。非洲目前是全世界人口增速最快的地区,在可预见时期内可能成为世界上人口最多的大陆。从理想化的理论推演来看,快速增长的人口将为国际产能合作导入的产业发展以及本土产业的培育,提供充足的劳动力,使非洲可以在充分挖掘人口红利的基础上,复制"亚洲四小龙"乃至中国的成就。但现实情况是,非洲迅速的人口增长并不是在产业导入拉动的现代化的基础上,特别是生产力发展的基础上实现的,而是仍然依靠以传统农业等落后的生产方式作为相应的经济基础。这就导致非洲的人口快速增长无论是在逻辑上还是增速上,都要快于现实的社会经济发展。换言之,非洲的当务之急不是考虑如何把不断增多的人口带入现代化发展,而是有限的现代化发展成就究竟应如何支撑不断增多的人口。与此同时,从年龄结构来看,非洲青年人占总人口的比例也是全世界最高的,而且还在呈现出快速上升的态势,到21世纪第三个十年有望达到全非总人口的50%。青年人的较高占比将对非洲各国的就业岗位数量提出较高的要求。但现实情况是,非洲各国的失业率普遍徘徊在高位水平,其中青年人的平均失业率普遍在70%以上。非洲国家总量有限的公共资源以及往往集中于首都的不合理地域分配格局,决定了其当前的社会经济发展水平没有能力给民众的需求提供足够多的公共服务供给。况且,在多个族群身份认同存在竞争或冲突的情况下，很难保证同一国家内部的不同族群能够均衡地获取这些本已有限的公共资源。因此，公共资源稀缺与分配的失序本来就是导致非洲国家安全挑战频发的深层次原因，而人口增速与社会经济发展进步水平之间的失衡，将进一步加剧公共资源的稀缺性，随之而来的疾病、贫困、失业、饥饿、犯罪等问题，将进一步加剧非洲整体面临的安全挑战。

第四，不容忽视的域外力量干扰。西方大国长期以来都是参与非洲和安事务的最重要域外力量。英国、法国等前殖民大国，一直将深度参与包括和平安全议题在内的非洲事务，当作继续维系与非洲特殊关系的途径。目前，英国不仅在海外设立专门的用于冲突管理的和平基金，其中主要适用对象就是曾经是英国殖民地的非洲国家，同时还在打击恐怖主义、建设非洲常备军等多个方面与非盟以及肯尼亚、尼日利亚等非洲国际组织、非洲国家保持着情报交流、人员培训、武器装备出售等多个方面的密切联系。法国一直在法语非洲保持着相当规模的军事存在，特别是当萨赫勒地带的安全形势近年来持续恶化，法国通过法非军事合作组建萨赫勒五国集团，并且领导了以反恐为主题的新月沙丘行动，在构筑非洲的反恐防线上，发挥了重要的作用。美国早在2008年就组建了包括防御作战以及平时军事介入等职能在内的非洲司令部，将防务作为与发展、外交并重的对非关系支点。特朗普提出新非洲战略以来，美国继续在非洲安全议题上着力，作为撬动对非关系的支点。因此，西方大国不仅长期在非洲和平安全事务中扮演着积极角色，而且当前仍然高度重视与非洲在和平安全议题上的关系。和平安全议题在一定意义上可以被看作是西方大国对非洲关系的"传统势力范围"。随着中非关系持续深化,特别是中国不断着力一直被外界认为是对非关系短板的和平安全议题,西方大国如若不摒弃零和博弈的冷战思维,势必将认为自己在非洲的"传统利益"受到了中国的挤压,进而掣肘或干扰中非在和平安全事务上的合作。

十一 "一带一路"倡议与非洲反响[*]

从分别于2017年和2019年举办的两届"一带一路"国际合作高峰论坛,到2018年中非合作论坛北京峰会,"一带一路"倡议已经成为与中非合作论坛互为补充的又一中非合作重要框架或平台。随着中非"一带一路"合作的推进,非洲大陆及相关国家对"一带一路"合作的看法值得关注,其对深化推进中非"一带一路"合作具有重要指导和启示性意义。非洲国家对"一带一路"的看法体现在非洲大陆、相关国家政府、智库和新闻媒体等多个不同层面,其观点有着鲜明的多元性,其核心意涵又相互交叉补充,总体反映出非洲国家对"一带一路"合作的认识与期待,对于指导推进中非"一带一路"合作深入发展具有积极意义。

(一)中非双方对"一带一路"的共识

根据2018年中非合作论坛《关于构建更加紧密的中非命运

---

[*] 张永蓬,中国非洲研究院研究员。

共同体的北京宣言》（以下简称《北京宣言》），[①] 中非双方"同意将论坛作为中非共建'一带一路'的主要平台"。这就意味着，"一带一路"已被纳入中非合作论坛框架，二者不是相互独立的合作平台，而是将"一带一路"作为论坛平台的重要内容或工具之一。根据《北京宣言》，中非双方对合作建设"一带一路"达成三个基本共识：其一，赞同"一带一路"倡议"共商、共建、共享"的原则，并认为"一带一路"建设可以"顺应时代潮流，造福各国人民"。其二，非洲是"一带一路"历史和自然的延伸，是重要参与方。以此为共识，"一带一路"将与非盟《2063年议程》和非洲各国发展战略紧密对接，实现中非合作共赢。其三，中非历来是命运共同体，双方将携手打造更加紧密的中非命运共同体，而"一带一路"是打造更紧密中非命运共同体的主要途径。

中非合作论坛是中国与53个非洲国家的合作平台，2018年中非合作论坛北京峰会发表的《北京宣言》对共建"一带一路"的共识，是中国和非洲国家对"一带一路"倡议的高度认可，也是中非双方将"一带一路"建设付诸实施的重大宣示。从非洲层面看，《北京宣言》对中非共建"一带一路"的宣示，反映了非洲国家作为一个整体对"一带一路"的态度。中非合作论坛框架下的"一带一路"合作，对于中国与非洲国家在双边层面和次区域层面推进"一带一路"合作具有重要指导性意义。

[①] 中非合作论坛官方网站：《关于构建更加紧密的中非命运共同体的北京宣言》，2020年2月3日，https：//www.focac.org/chn/zywx/zywj/t1591944.htm。

（二）非洲联盟对"一带一路"倡议的认识及期待

作为非洲区域性组织，非洲联盟（以下简称非盟）是非洲国家实现联合并走向一体化的代表。2019 年第二届"一带一路"国际合作高峰论坛期间，中国政府与非盟签署共建"一带一路"合作规划。非盟对中非"一带一路"合作的看法集中表现在非洲大陆整体的战略层面，其诉求在宏观上反映非洲国家的普遍利益。

第一，看重"一带一路"助推落实非盟《2063 年议程》的积极作用。如上述，鉴于非洲联盟委员会是中非合作论坛的成员之一，因此《北京宣言》所宣示的"一带一路"合作也体现了非盟立场。非盟对"一带一路"合作的认识和态度，是非洲国家参与"一带一路"的基础。根据《北京宣言》，中非一致认可在"一带一路"框架下推动政策沟通、设施联通、贸易畅通、资金融通、民心相通的合作，"一带一路"将与联合国 2030 年可持续发展议程和非盟《2063 年议程》相对接，并在国家层面与非洲各国发展战略实现对接，非盟高度认可"一带一路"对于推动非洲发展、实现非盟发展议程的积极作用。

第二，期待通过"一带一路"合作推动落实非盟重大项目。长期以来，非盟在促进非洲一体化进程中提出了很多重大发展规划，但受制于多种因素，相关项目进展缓慢。由此，非盟当下更希望通过"一带一路"合作推进全非层面的一些发展项目。诸如：非洲大陆自贸区的建设和发展、拟定非洲国家间人员自由流动相关协议、一体化和航空运输以及加强成员国国内资源的动员能力等。此外，非洲和平与安全、教育与就业、实现工业化以及提高人口素质、改善经济环境等，都是非盟关注的优先发展课题。这些发展议题都可以通过参与"一带一路"项目，实现合作对接。① 非盟负责基础设施开发的高级代表莱拉·奥廷加（Raila Odinga）指出，基础设施短缺是非洲发展面临的最大挑战，他呼吁中非间通过"一带一路"平台加强协调合作，以推动建设非洲的基础设施联通与能源开发。②

第三，希望将中非"一带一路"合作提升至全球性多边层面。在2019年5月于亚的斯亚贝巴非盟总部召开的"中非合作'一带一路'对话会"（Belt and Road Dialogue for China-Africa Cooperation）上，非盟委员会负责基础设施和能源的委员阿马尼（Amani Abou-Zeid）表示：非洲和中国都认为非洲是"一带一路"合作的重要伙伴。在落实中非合作论坛行动计划的过程中，中非双方都在共同探索推动跨区域、区域和次区域等不同层面的合作。非方希望与中方在"一带一路"倡议框架下紧密合作，推动中非间乃至全球范围的基础设施联通和人文交流，为造福中非双方人民和世界人民做出贡献。出席会议的埃塞俄比亚前总理海尔马里亚姆也提议，将"一带一路"倡议下的中国与非洲及非盟双边合作伙伴关系扩大到更广泛的全球性多边层面。他认为"一带一路"为中非双方提供了机会，现在是打

---

① African Union and China renew commitment to advance multilateral cooperation, May 11, 2018, https://au.int/en/pressreleases/20180511/african-union-and-china-renew-commitment-advance-multilateral-cooperation.

② AU, Chinese officials agree to expedite China-Africa cooperation under BRI, 2019/5/31, http://www.globaltimes.cn/content/1152544.shtml.

破陈规，进一步思考拓展合作范围和途径的时候了。①

（三）非洲国家官方及民间对"一带一路"倡议的认识

非洲国家政府和民间对"一带一路"倡议的看法，对于"一带一路"合作能否在非洲有效推进具有重要意义。与中非关系在非洲国家内部的权重特点相类似，"一带一路"在非洲国家的认可度和知晓度也表现为官方了解并积极主动、民间不甚了解及参与度不够的状况。

非洲国家政府普遍对"一带一路"合作持积极参与态度。如前所述，中非双方已经达成通过中非合作论坛平台推动双方共建"一带一路"的共识，而中非合作论坛非方成员国各国政府正是推动这一共识的基本因素。也就是说，"一带一路"合作在非洲国家层面持积极支持或肯定态度。根据中非合作论坛2018年北京峰会行动计划，中非共建"一带一路"合作的具体举措已经被纳入其中，进入实质性落实阶段。截至2020年1月底，中国已经同44个非洲国家签署共建"一带一路"合作文件。②

非洲国家领导人对"一带一路"合作持积极态度。非洲国家领导人多通过中非合作论坛及其他平台表达对"一带一路"

---

① AU, Chinese officials agree to expedite China-Africa cooperation under BRI, 2019/5/31, http://www.globaltimes.cn/content/1152544.shtml.

② 中国一带一路网：《已同中国签订共建"一带一路"合作文件的国家一览》，https://www.yidaiyilu.gov.cn/xwzx/roll/77298.htm。

合作的积极姿态。2018年9月召开的中非合作论坛北京峰会，非洲国家有40位总统、10位总理、1位副总统以及非盟委员会主席出席会议。[1] 埃塞俄比亚两任总理、肯尼亚总统、吉布提总统、埃及总统和莫桑比克总统先后出席了分别于2017年5月和2019年4月在北京举行的第一届和第二届"一带一路"国际合作高峰论坛。

非洲国家领导人对"一带一路"合作的表态，集中反映在七个方面。一是表达积极支持和参与"一带一路"的愿望，愿以"一带一路"合作为契机，深化双边合作；二是提出"一带一路"合作的具体领域，如加强同中国在工业化、经济贸易、人力资源、基础设施、能矿、电站、民生等领域合作；加快本国农业、数字化和减贫事业发展；三是希望借鉴中国治国理政经验，借鉴中方在执政党建设、企业管理等方面的有益经验；四是支持中国在国际上的主张，愿密切同中方在多边事务中沟通协调；五是认为"一带一路"是非洲的希望所在，也将助力非洲联盟实现《2063年议程》；六是愿同中方在"一带一路"框架下，拓展中非合作论坛框架下各领域合作，带动非洲大陆及有关非洲次区域的发展，共同推进构建更加紧密的中非命运共同体；七是高度评价习近平主席提出的"一带一路"倡议和人类命运共同体理念，愿将本国发展战略同"一带一路"倡议对接，加快自身发展。[2]

---

[1] 新华网：《王毅就中非合作论坛北京峰会接受媒体采访》，2018年9月6日，https://focacsummit.mfa.gov.cn/chn/hyqk/t1592773.htm。

[2] 中非合作论坛北京峰会官方网站：《习近平主席会见非洲国家领导人》，https://focacsummit.mfa.gov.cn/chn/。

非洲国家官方人士看重自身区位优势对中非"一带一路"合作的重要意义。一些具有区位优势的非洲国家更强调"一带一路"建设与自身区位优势的结合。尼日利亚驻广州总领事威尔先生（Wale Oloko）撰文表示：尼日利亚是拥有 1.8 亿多人口的非洲大国，是中国出口的巨大市场，也是中国通往西非和非洲其他地区的门户，同时也是西非国家经济共同体和非洲联盟的成员，尼日利亚意在成为贯通整个非洲的全球物流中心。此外，尼日利亚的交通和电力基础设施在逐步完善，尼也有成熟的市场，"越来越多的中国工业正迁往尼日利亚，寻求更多的机会，从而进一步推动'一带一路'倡议"[1]。

一些东非国家官方人士看重非洲之角战略地位对于"一带一路"合作的重要意义。包括埃塞俄比亚、厄立特里亚、吉布提、肯尼亚等非洲之角国家认为，东非及非洲之角地区连接地中海和印度洋，同时连接亚洲、非洲和欧洲三大区域，具有重要的战略地位。东非及非洲之角是"一带一路"与非洲对接最为便利的地区，这一地区既可以延伸至非洲内陆国家，也可以联通更广阔的海外市场，"一带一路"与东非国家的合作对于非洲整体发展具有关键性作用。[2]

非洲民间对"一带一路"了解较少。根据笔者在非洲国家的调研，非洲民间一般对中非合作及中非关系泛化为中国人在非洲或中国公司在非洲，对中国在具体非洲国家的援助及建设

---

[1] 尼日利亚驻广州总领事 Wale Oloko：《尼外交官："一带一路"倡议深刻影响尼日利亚》，参见 https：//www.sohu.com/a/364532249_120404645.

[2] 根据笔者调研。

项目有一定认知，对中国商品有一定认知，但对于包括"一带一路"倡议等政策和战略性的合作普遍缺少必要的认知。尚未看到非洲非政府组织对"一带一路"倡议有明显负面看法的报道。

（四）非洲地区大国媒体对"一带一路"倡议的认识

非洲地区大国媒体对"一带一路"倡议普遍持较为肯定积极的看法，对"一带一路"合作给非洲国家带来的实实在在的利益表示肯定。表现在以下三个方面。

第一，对"一带一路"合作持正面肯定态度。有国内学者就欧洲、美国和非洲媒体对2017年"第一届'一带一路'国际合作高峰论坛"的报道情况做了研究，得出结论显示：在对"一带一路"倡议所持态度方面，93%的美国媒体持消极态度，7%持中立态度；欧洲媒体方面，40%持消极态度，30%持中立态度，仅有10%持积极态度。该成果选取了南非、肯尼亚、尼日利亚、埃及和乌干达五个非洲国家的主流报纸相关"一带一路"的报道，研究结果显示：47%的非洲媒体报道持正面肯定态度，41%持中立态度，12%持中立偏消极态度。非洲媒体对"一带一路"倡议的态度总体偏向正面积极。从内容上看，欧美媒体多注重从政治经济和意识形态角度看问题，而非洲媒体多偏重于对会议内容和成果的客观陈述及对"一带一路"倡议表示赞许。[1]

---

[1] 王莉丽、蒋贝、曹洋红：《2017年美欧非媒体对华报道特点及应对策略——以"一带一路"国际合作高峰论坛和中共十九大报道为例》，《对外传播》2018年第2期。

第二,从历史的高度评价"一带一路"。随着 2017 年和 2019 年两届"一带一路"国际合作高峰论坛和 2018 年中非合作论坛北京峰会的召开,一些非洲国家媒体对"一带一路"合作相关内容进行了报道,其中尤以尼日利亚、南非、肯尼亚三国媒体报道居多并有代表性。例如,尼日利亚《太阳报》在报道 2019 年 4 月召开的"第二届'一带一路'国际合作高峰论坛"时高度评价"一带一路"倡议,认为"一带一路"倡议为非洲提供了弥补历史差距的唯一机会,这种差距制约了非洲通过建设物质的和制度的互联互通实现区域一体化和规模经济的进程,限制了非洲融入全球价值链的议程和实现泛非主义的理想。[①]

第三,用事实说明"一带一路"合作给非洲国家带来的好处。尼日利亚《民族报》列举了"一带一路"倡议下中国在坦桑尼亚、肯尼亚、刚果(布)、喀麦隆、尼日利亚、阿尔及利亚、安哥拉和马达加斯加等国建设的港口和道路等基础设施项目,认为这些项目对于促进非洲基础设施联通及实现工业化具有重大意义。同时认为,"一带一路"倡议不仅提供了有形的互联互通,而且通过实现国家间战略联通,全面系统地优化了人类共同利益,重新定义了国际体系,即:国际体系应该成为各国团结一致应对人类最大挑战的系统,而不是搞竞争游戏的平台。[②] 尼日利亚《先锋报》指出:自从 2018 年加入"一带一

[①] Charles Onunaiju, Africa and the belt and road initiative, *the Sun*, 29th April 2019, https://www.sunnewsonline.com/africa-and-the-belt-and-road-initiative/.

[②] Africa and China's Belt and Road strategy, *the Nation*, May 8, 2019, https://thenationonlineng.net/africa-and-chinas-belt-and-road-strategy/, 2020-02-20.

路"合作以来，尼日利亚已经成为非洲最大的经济体和最受欢迎的国家，这是尼日利亚巨大的收获。① 肯尼亚《商业日报》报道表示，随着"一带一路"合作的逐步开展，肯尼亚发现自己处于比其他非洲国家更为有利的地位，那就是其地处连接亚洲和非洲的位置。肯尼亚已经受益于中国投资和基础设施建设，蒙内铁路就是最好的例子。交通基础设施项目的建设在推动肯尼亚发展的同时，还可促进东非内陆地区国家的设施联通，对于推动地区发展具有深远意义。②

（五）非洲智库及学界对"一带一路"倡议认识

非洲国家智库对中非"一带一路"合作总体持积极肯定态度，从智库和学术研究的角度提出独到的见解和看法。以下看法来自塞内加尔、尼日利亚、埃及、几内亚比绍、加纳等非洲国家智库及高校研究机构学者。

第一，技术合作有利于中非共同发展。如塞内加尔学者认为，帮助非洲技术发展，也有助于中国的产能发展，中国应帮助非洲各国发展工业和技术。非洲面临的问题和挑战仍然是总

---

① How China's Belt and Road Initiative affects Nigeria, Africa, January 28, 2020, Vanguard Media, https：//www.vanguardngr.com/2020/01/how-chinas-belt-and-road-initiative-affects-nigeria-africa/，2020 – 02 – 09.

② China Belt and Road can drive Kenya growth, TUESDAY, APRIL 23, 2019, https：//www.businessdailyafrica.com/analysis/letters/China-Belt-and-Road-can-drive-Kenya-growth/4307714 – 5084598 – m13abgz/index.html，2020 – 02 – 10.

体落后的经济、人口众多、对自然资源的依赖性过大等，希望中非在环境保护、卫生健康、抗击贫困等领域开展合作。在数字化与信息技术、石油工业领域，中非合作有很大潜力，大有可为。

第二，"一带一路"倡议为非洲发展提供了历史机遇。尼日利亚智库学者认为，如何使中非"一带一路"合作落实并造福中非关系，是应长期思考的问题，非洲不应错过这一历史机遇。非洲基础设施缺乏以及实现一体化面临的问题和突出挑战，都是非常实际的问题，其中实现各国的联通对于非洲一体化非常重要。实现非洲联合，首先要推动非洲国家之间的携手合作，建立非洲内部的紧密合作关系。"一带一路"倡议是各方均可参与的包容性倡议，可以帮助实现非洲的统一和强大。中非合作下的"一带一路"倡议不是西方的马歇尔计划，该倡议不是提供援助，而是推动非洲国家主动参与，其远期目标是实现非洲和中国的发展，实现世界的安全与和谐发展。目前西非地区与外部世界的空中通道主要通过欧洲实现，"一带一路"建设可以帮助非洲实现交通基础设施的改善。非洲人应该认真思考如何利用"一带一路"所提供的机会，不可错过这一历史机遇。

第三，通过"一带一路"合作政策与战略对接影响非洲政策。塞内加尔学者强调：应通过政策制定与协作实现非盟《2063年议程》的目标。他认为，非洲国家的对外经济合作水平应符合非洲的实际发展目标。为此，在中非合作中应考虑三个重要条件：（1）各方具备强烈的政治意愿；（2）非洲具有和平、稳定的环境；（3）双方打造更高水平的磋商和对话机制。

第四，应通过中国投资推动非洲工业化与经济转型，并提升非洲在国际中的竞争力。几内亚比绍学者认为，中国企业可提供三个机制促进非洲经济的发展：（1）加大直接投资；（2）拓宽能源、旅游等领域的合作机制；（3）促进非洲经济转型，提升非洲出口贸易能力。

第五，非洲可以借鉴中国经验。非洲学者认为，中国自改革开放以来取得巨大发展成就，为包括非洲各国在内的发展中国家树立了榜样，提供了信心。非洲不能简单地复制中国经验，但是中国的发展经验仍值得非洲国家在工业化过程中学习借鉴。加纳学者认为，目前非洲在制定发展政策上存在两个缺陷：（1）智库没有发挥应有的功能；（2）共同富裕的意识形态在非洲难以扎根。因此，非洲国家应积极借鉴中国发展中的经验，进一步推动学术研究对非洲政策发展的作用。

第六，"一带一路"合作有助于非洲国家应对挑战。非洲学者普遍认为，非洲迫切需要深化中非合作，以应对当前面临的系列挑战：其一，非洲迫切需要实现经济良性循环和长期增长，以摆脱严重的贫困问题。其二，非洲迫切需要加快工业化，为持续增长的人口和年轻人创造更多就业岗位。其三，非洲迫切需要改变其竞争力落后的局面，加快产业升级和融入全球经济格局，以实现弯道超车和非盟《2063年议程》的宏伟发展目标。

第七，"一带一路"合作对于改善非洲基础设施具有重要作用。非洲迫切需要提升基础设施水平，实现非洲国家之间、城乡之间的互联互通，让整个非洲更加紧密，为产业发展和民生改善提供支撑。中非"一带一路"合作投资基础设施建设，应注意统筹可靠性与效率,应考虑基础设施与投资地环境的适应性,确保使用正确的技术和设施的可靠性。同时,应在统筹基础设施质与量的基础上,控制基础设施投资成本和利率,以确保投资的回报与经济可行性。埃及学者认为,非洲基础设施投资需求巨大,如果主要投资都来自中国,将有很大的风险。非洲应考虑全球范围内的合作,吸引更多国家的资本进入。①

第八,"一带一路"由中国高层提出,获得广泛支持。南非智库学者认为,20世纪90年代以来,欧美大国和俄罗斯也曾提出过复兴古代贸易通道,但中国"一带一路"倡议的独特之处在于其是由中国国家主席亲自提出,且获得广泛的国际支持。"一带一路"倡议已经成为全球公共外交机遇,可造福于全球范围。"一带一路"合作无疑会给非洲带来连锁性积极影响。从经济层面讲,"一带一路"合作可以将中国过剩的产能疏导至非洲,而非洲正需要这些产能以推动实现非洲工业化。②

(六) 中国的思考

"一带一路"倡议之所以得到非洲国家的普遍肯定和参与,是因为"一带一路"合作确实能给后者带来实惠。也正是因为这一点,非洲国家智库和媒体才较少受到美西方国家负面舆论

---

① 以上非洲智库学者观点均来自笔者调研。
② China's Belt and Road Initiative: Where does Africa fit? Max Braun, https://saiia.org.za/research/china-s-belt-and-road-initiative-where-does-africa-fit/, 2020-02-11.

的影响,给予"一带一路"倡议客观正面的评论和报道。从发展需求的角度看,非洲国家对"一带一路"合作推动非洲发展的作用有着清醒的认识,特别是认识到"一带一路"对于非洲发展的历史机遇性,这些表现值得中方进一步深入思考,对于职能部门制定相关对非合作政策提供重要参考。

基于上述,可以判定,"一带一路"倡议对非合作符合非洲国家的需求,中非共建"一带一路"可以实现互利共赢。

不过,从相关调研情况看,一些非洲国家对"一带一路"倡议的认知仍然较为有限。在有些非洲国家,即便是官方部门人士,也对"一带一路"倡议不甚了解,更遑论民间了。一些非洲智库学者缺少对"一带一路"倡议的深入研究,所以很难对其政府提出有益的咨询建议。针对这些情况,中方仍需进一步加大对非"一带一路"倡议宣传力度,相关项目可以更多向非洲国家基层倾斜。此外,中非教育交流仍有进一步加强的较大空间,教育交流对于推动中非民心相通具有重要意义。

十二 "一带一路"倡议与国际舆论[*]

(一)"一带一路"倡议与国际舆论总体现状

"一带一路"倡议自提出以来,非洲国家积极响应,中非在共建"一带一路"框架下加快推进全方位合作,实现发展战略对接,成效显著。从国际舆论来看,各方持续关注"一带一路"倡议萌芽、落地生根、持续发展、不断壮大的整个过程,其间正负言论交锋明显,而非洲作为承接"一带一路"倡议的最重要区域,始终也是舆论热点所在。整体来看,广大发展中国家特别是非洲国家对"一带一路"倡议表现出了积极支持与高度认可的态度,而西方主流媒体和知名智库的言论经历了一个了解—质疑批评—矛盾中认可的变化过程,但国际舆论的持续风险仍然存在。因此,对其进行系统考察并在此基础上采取针对性的应对策略十分重要,有助于更好地助推中非全方位务实合作。

正如俄罗斯卫星通讯社在报道中称,世界上对中国"一带一路"倡议有正反两种态度。大多数发展中国家对它表示欢

---

[*] 李玉洁,中国非洲研究院助理研究员。

迎：在"一带一路"框架内，中国企业不惜重金投资基础设施建设，而这对发展中国家来说至关重要。然而，在 G7 国家中，除了对"一带一路"倡议抱有积极态度的意大利，其他国家却呼吁要认真审查来自中国的每一个具体的投资项目。①

确实如此，一方面，非洲作为承接"一带一路"倡议的重点地区，从倡议提出之初，一直是遭受西方主流媒体指责、质疑、抹黑和攻击的重灾区。"中国债务陷阱论""新殖民主义""资源掠夺论""军事扩张论"等成为西方媒体攻击"一带一路"倡议下中非合作的核心论调和主流框架，从未停止，这方面的案例不胜枚举。具体来讲，西方负面舆论主要从以下视角来指责中国在非洲的行动：一是从维护世界霸权、既有利益或地缘政治出发，担心中国借助"一带一路"倡议削弱英美等大国在非洲的影响力，从而曲解或攻击中国在非洲落实"一带一路"倡议，具体负面言论变现为"新殖民主义""中国威胁论""中国版马歇尔计划"等；二是从国家制度、发展模式竞争和意识形态出发，警惕"一带一路"倡议成为中国向非洲推广"中国模式""中国道路""中国经验"、提高大国影响力的战略，从而抹黑"一带一路"倡议，具体负面言论体现为"主权侵犯""意识形态渗透""忽视当地国家主权"等；三是从西方理念和西方标准出发，认为中国在非洲投资有违"国际原则""不遵守国际环境标准"，从而指责"一带一路"倡议，具体负面言论体现为"人权侵犯""资源掠夺""债务陷阱外交"等。

但另一方面，"一带一路"倡议得到了广大发展中国家特

---

① 俄罗斯卫星通讯社：《为什么非洲需要"一带一路"？》，2019 年 3 月 25 日，http://sputniknews.cn/opinion/20190325102801 0201/。

别是非洲国家的积极响应和高度认可。目前，中非已基本实现在"一带一路"框架下相关产业和项目的规划布局，如肯尼亚蒙内铁路、埃塞俄比亚亚吉铁路和轻轨项目等。中国企业和医疗队在非洲建立工厂、产业园区和医院等投资和民生项目，充分发挥产业集聚作用，帮助非洲国家解决外汇短缺、就业和医疗等棘手问题。"一带一路"倡议不仅将众多非洲国家连接起来，促进非洲经济发展，更是用事实获得了国际组织和非洲国家的赞赏，乃至西方主流媒体的适度承认，从而为进一步深化中非合作营造了良好的国际舆论环境。

在国际组织层面，联合国秘书长古特雷斯表示，"一带一路"倡议拥有广阔的国际投资和合作空间，是增强实现可持续发展目标的能力、拓展绿色前景的重要机遇。[1] 而世界银行指出，中国的"一带一路"倡议本身将对国际贸易的发展产生有益影响，特别是在发展中国家。根据世界银行的数据，吉布提港口基础设施的改建，将让埃塞俄比亚和澳大利亚之间的货物运输时间减少1.2%。而实施"一带一路"倡议的所有项目将使全球贸易总成本降低近3%。[2]

对非洲各国来说，"一带一路"倡议顺应时代潮流，契合非洲各国谋求发展需要，为参与"一带一路"建设的国家及各国民众带去了发展机遇和获得感、幸福感。如南非外交部副总

---

[1] Francois de Soyres etc. How the Belt and Road Initiative could reduce trade costs. 27 November 2018. https：//voxeu. org/article/how-belt-and-road-initiative-could-reduce-trade-costs.

[2] 马建国等：《高端访谈："一带一路"是当今世界重要机遇——访联合国秘书长古特雷斯》，2019 年 4 月 24 日，http：//www. xinhuanet. com/world/2019 -04/24/c_ 1124410528. htm。

司长阿尼尔·苏克拉尔认为,"一带一路"倡议给非洲带来的益处不应只限于建设铁路、桥梁等基础设施项目,而应将其视为将全球团结在一起的整体尝试。"一带一路"倡议对非洲而言是绝佳机遇,南非应引领非洲对接"一带一路"建设,全方位参与"一带一路"国际合作。南非人文科学研究理事会研究员雅姿妮·阿普尔说,"一带一路"倡议有望成为新一轮全球化潮流的引擎,成为全球产业链的基础,促进全球发展与繁荣。"一带一路"倡议中包含航空领域的内容,这对非洲国家来说意义重大。南非大学博士费拉尼·姆坦布说,如今世界面临多重挑战,而"一带一路"倡议在这一关键节点应运而生,为全球化和多极化面临的问题提供了解决方案。[①]

肯尼亚内罗毕大学国际经济学者盖里雄·伊基亚拉在接受采访时谈到,非洲当前正处于工业化和农业现代化发展初期,中国提出的"一带一路"倡议为非洲国家带来了历史性的发展机遇。"一带一路"项目近年来为非洲国家带来了很多看得见的变化。以肯尼亚为例,肯中合作的标志性项目蒙内铁路,不仅为肯尼亚人民的出行带来了巨大便利,也创造了大量就业机会,还为铁路沿线城镇经济发展带来了活力。在伊基亚拉看来,在"一带一路"框架下,中国正在为非洲国家提供质量更好、价格更优、效率更高、贷款方式更灵活的基建和服务项目。伊基亚拉认为,"一带一路"倡议致力于加快沿线地区的互联互通建设,倡导构建人类命运共同体,拒绝零和思维,这有助于

---

① 荆晶:《南非专家:"一带一路"倡议有助于非洲经济发展与全球稳定》,2019 年 4 月 26 日,http://www.xinhuanet.com/world/2019-04/26/c_1124420333.htm。

推动建设持久和平、共同繁荣的世界。①

尼日利亚《领导者报》称,"一带一路"倡议是中国对全球治理和包容性发展做出的当代贡献。作为一项国际公共产品,"一带一路"倡议得到了全世界的认可,它是一个正在进行之中的国际合作进程。② 而埃塞俄比亚驻华大使特肖梅·托加也表示,中国推出的运输和物流基础设施建设项目,是非洲国家所必需的,可以使其增加出口,维持经济增长,对非洲国家经济具有重要意义。埃塞俄比亚 2018 年年初开始运营的 756 公里的铁路,由中方银行资助。它打开了埃塞俄比亚通过吉布提进入海洋的通道,使拥有 1 亿人口的埃塞俄比亚可以成为最大的国际贸易参与者之一。③

面对"一带一路"倡议在非洲的生根落地和茁壮发展,西方媒体也必须面对并接受这一客观事实。德国之声电台网站称赞"一带一路"倡议是成功的,其认为运转良好的基础设施建设能给经济发展带来强大动力,这是一种让非洲、中亚、中美洲和欧洲东南部更强大的力量。④ 美国智库布鲁金斯学会在题为"中国的投资发展项目能够为全球包容性增长扫清道路吗?"

---

① 杨臻:《肯尼亚学者:"一带一路"倡议为非洲国家带来历史性发展机遇》,2019 年 5 月 14 日,http://www.xinhuanet.com/world/2019-05/14/c_1124493963.htm。

② 参考消息网《尼日利亚学者:"一带一路"助非洲跨越历史鸿沟》,2019 年 4 月 24 日,http://column.cankaoxiaoxi.com/2019/0424/2378239_2.shtml。

③ 石留风:《外媒微观察:中国人凭什么在非洲受欢迎?》,2019 年 4 月 4 日,https://www.sohu.com/a/305949675_433398。

④ 《人民日报》(海外版):《国际舆论持续关注解读展望:一带一路倡议是成功的》,2019 年 4 月 29 日,http://www.xinhuanet.com/zgjx/2019-04-29/c_138020727.htm。

的文章中，援引美国威廉玛丽学院"AidData"实验室发布的一份对中国"一带一路"项目的研究报告。

学者们对中国在138个国家投资的4300个项目进行的跟踪调查发现，中国援助项目基本上都给项目实施国家带来增长红利，中国项目不仅促进了当地的经济繁荣，还辐射到了周边地区。① 美国CNN报道指出，中国也给非洲人带来了大量的就业机会。外界关于埃塞俄比亚的中资公司只雇用华人，不愿聘请当地人的指控并不准确。当地一间中埃合资工厂的177名员工中，只有一名中国人。② 国际投资顾问公司麦肯锡2017年对非洲8国1000多家中资公司的实地调查也发现，平均89%的员工是当地人，共计为非洲工人提供了30万个工作岗位。③ 英国《金融时报》报道称，总体而言，中国进入非洲是福音，为当地提供了港口、道路和机场，没有这些基础设施，就无法启动任何发展计划。该报在刊发的另一篇长文《中国对非投资的另一面》中指出："中国在非洲的庞大基础设施建设项目吸人眼球，而成千上万到非洲打拼的中国小企业主也在帮助重塑这块大陆。"④

---

① Richard Bluhm etc., *Connective Financing: Chinese Infrastructure Projects and the Diffusion of Economic Activity in Developing Countries*, September 2018, AidData Working Paper.

② Jenni Marsh, *Employed By China*, August, 2018. https://www.cnn.com/interactive/2018/08/world/china-africa-ethiopia-manufacturing-jobs-intl/.

③ Irene Yuan Sun etc., *Dance of the lions and dragons: How are Africa and China engaging, and how will the partnership evolve?*, June 2017. McKinsey & Company report.

④ Emily Feng etc., The other side of Chinese investment in Africa, March 27, 2019, https://www.ft.com/content/9f5736d8 – 14e1 – 11e9 – a581 – 4ff78404524e.

整体而言，当前，西方主流媒体和智库已不再执着于一味的负面报道，在"一带一路"倡议从理念变为实践的过程中，其也经历了逐步被了解、质疑批评、矛盾中认可的阶段，这也带动了国际舆论的两大转向：一方面转向正视和部分认可"一带一路"倡议在非洲的正面作用及其为全球带来的积极变化；另一方面虽然批评从未间断，但更倾向于寻求一种平衡型报道或平衡性观点，旨在提出问题的基础上更加理性地批评与思考。而这无疑成为营造"一带一路"倡议在非洲的国际舆论环境的良好机遇期。

（二）机遇

为推动"一带一路"倡议在非洲取得更大成效，良好的国际舆论生态建设至关重要，而从前面考察当前国际舆论持续风险的整体态势，可以发现当前面临着以下两大机遇：一是"一带一路"建设在非洲取得的既有成效为营造良好国际舆论环境提供了机遇；二是西方主流媒体和智库的情感转向为应对负面舆论环境提供了良好机遇。

一方面，从非洲看，"一带一路"倡议自提出以来，给非洲带来了诸多"可见""可触""可感"的实实在在益处，特别是在推动基础设施建设、实现快速发展和减贫、加强数字丝路建设、加速非洲大陆内部与外界互联互通、助力非洲经济转型等方面，都取得了重要进展和诸多成效，而这些正是非洲各国最需要解决的优先事项。随着一个个项目和工程在非洲大陆落地，技术培训和文化交流也次第展开，"一带一路"倡议在非洲的显著成效获得了非洲民众的广泛认可，这可以说是构建良好舆论环境的根本所在。如 2018 年当代中国与世界研究等机构发布的《中国企业海外形象调查报告 2018·非洲版》报告显示，非洲受访者高度肯定"一带一路"倡议，最认可的是该倡议有助于提升沿线国家和地区的投资贸易合作。在未来发展方面，非洲国家民众最希望"一带一路"建设能够带动中国与非洲国家间的经贸发展。①

2019 年非盟正式启动实施《非洲大陆自由贸易协定》，这是实现非洲一体化迈出的重要一步。非洲各界一致认为，作为非盟《2063 年议程》旗舰项目的《非洲大陆自由贸易协定》与中国"一带一路"倡议高度契合。该协定将极大推动中非之间"一带一路"框架下的"贸易畅通"，有效推动中非"一带一路"建设走深走实。因此，该协定也为进一步推动"一带一路"倡议与非洲大陆发展战略深度契合提供了良好机遇。

另一方面，西方主流媒体和智库的情感转向为应对负面舆论环境提供了良好机遇。国际舆论对"一带一路"倡议在非洲落地的态度经历了一个逐渐被了解、质疑批评、矛盾中认可的过程，而当前矛盾中接纳认可阶段正是加大"一带一路"倡议在非洲传播力度、应对负面批评、提升国际影响力的重要机遇期。这一阶段性特征可以从西方主流媒体的报道中反映出来，以"中国债务陷阱论"报道为甚。

西方媒体经常指责中国"一带一路"倡议在非洲的投资是以巨债设置陷阱来控制非洲国家，"中国债务陷阱论"这一言

---

① 徐豪：《中国在非洲形象总体正面积极中国企业获得广泛认可》，《中国报道》2019 年第 1 期。

论在学术界、媒体界、情报界以及西方政府间广为流传,甚至在吉布提、肯尼亚、赞比亚、安哥拉等非洲国家也存在着关于"债务陷阱"的大量报道、报告和宣传。但事实上是,中国自1960年起,就开始为非洲的基础设施建设提供资金支持,但并未被西方媒体关注。"中国债务陷阱论"体现了西方看待中国"一带一路"倡议在非洲所扮演角色的"消极偏见",缺乏事实依据,背后隐藏着各种政治动机。之前一味批评中国的各类贷款是为了控制非洲国家而设置的陷阱显然是对现实的歪曲。中国的"一带一路"倡议是通过针对性的支持,向非洲发展受援国家提供财政上的帮助,同时进行工业、基础设施和市场建设。现在西方主流媒体和知名智库都开始刊发一些平衡性报道和反思观点,认为"一带一路"倡议债务风险常常被夸大或歪曲。

例如,美国约翰斯·霍普金斯大学中非研究所在其报告中称,截至2017年年底,约17个非洲低收入国家已陷入或面临"债务危机"风险,或在偿还公共债务方面存在困难。中非研究所通过为这些国家建立的债务档案发现,多数国家的债权方并非中国。①《纽约时报》也刊发中非研究所所长德博拉·布劳蒂加姆的文章,称"一带一路"倡议不是"中国债务陷阱论",而是具有中国特色的全球化倡议。美国知名咨询公司荣鼎集团(Rhodium Group)发布的报告认为,中国政府借"一带一路"倡议制造"债务陷阱"的指称似乎站不住脚。这份报告研究了

---

① The China Africa Research Initiative at the Johns Hopkins University. Data: Chinese Loans to Africa. http://www.sais-cari.org/data-chinese-loans-to-africa.

过去5年中40个中国和"一带一路"沿线国家贷款再谈判案例。研究显示，尽管中国有巨大的经济体量，但在很多案例中再谈判的结果对借款国更有利。在大多数案例中，贷款重新谈判的结果对借贷方和放贷方是较为平衡的，包括延长还款期限和时间，以及部分甚至全部债务免除。①

美国《外交学者》刊发文章中提到荷兰国际问题研究所的弗兰斯－保罗·范德普滕的观点，他认为"一带一路"伙伴产生债务并非中国本意，更非中国精心策划试图以债务换取资源或外交支持。这与中国一贯的务实做法相一致。中国向来主张"双赢合作"，所以接受贷款的国家是能够从对外投资中获益的。② 专攻美国国际政治的日本筑波大学大学院名誉教授进藤荣一则指出，"债务陷阱""新殖民主义"等论调反映的是对国际社会现实情况的无知，它既是一种引导舆论的手段，同时也是对中国的扭曲认识。③ 法国《世界报》也发文认为中国寻找办法让"一带一路"倡议在非洲重焕生机，在10年的时间内，中国和非洲的双边贸易增长了226%，基础设施项目成倍增加，针对非洲债务呈膨胀的现象，中国国务院因此设立法规，规范

---

① 许缘、刘亚南：《美研究报告认为"一带一路"债务风险被夸大》，2019年5月9日，https：//www.yidaiyilu.gov.cn/xwzx/roll/89506.htm。

② Sophie van der Meer. Demystifying Debt Along China's New Silk Road：Is Beijing really seeking to buy political influence abroad？. March 6, 2019. https：//thediplomat.com/2019/03/demystifying-debt-along-chinas-new-silk-road/.

③ 人民中国：《日本学者：讨论"一带一路"，该拿事实说话》，2019年4月24日，http：//www.chinareports.org.cn/rdgc/2019/0424/8815.html。

海外投资并降低支付违约的风险。① 德国之声中文网也刊发贝塔斯曼基金会的报告称，面对中国的"一带一路"倡议，西方国家无须感到渺小，应抱以更自信的姿态。②

（三）挑战及应对

随着"一带一路"倡议在非洲的进一步发展，其国际舆情还是存在着较大的风险与挑战，我们必须高度关注并采取措施积极应对：一是要厘清"负面清单"，学会用"强势框架"回应西方媒体的报道；二是要打破西方的"刻板成见"，强调"一带一路"倡议的合作性和非他性。

"负面清单"在英文中对应的是 nonconformity measure，也可以翻译为"不符措施清单"，其最早出现于国际贸易中对协定中那些不取消、不开放的例外情况加以列明。而在这里，主要是指代西方媒体认为中国走进非洲的经贸活动中可能存在的不符合规定或者引发负面效应的情况列举。西方媒体在谈到"一带一路"倡议在非洲落地时，总会设定一系列固定的"负面清单"，比如常见的投资项目加剧地方腐败、降低环境质量、令人担忧的建筑质量、人权问题不够重视、弱化工会的参与度与

---

① 阿曼亭：《中国寻找办法让一带一路在非洲重焕生机》，2019年4月19日，http：//www.rfi.fr/tw/20190418。
② 德国之声中文网：《贝塔斯曼：西方在一带一路沿线国投资超中国》，参见 https：//www.dw.com/zh/%E8%B4%9D%E5%A1%94%E6%96%AF%E6%9B%BC%E8%A5%BF%E6%96%B9%E5%9C%A8%E4%B8%80%E5%B8%A6%E4%B8%80%E8%B7%AF%E6%B2%BF%E7%BA%BF%E5%9B%BD%E6%8A%95%E8%B5%84%E8%B6%85%E4%B8%AD%E5%9B%BD/a-50257179。

劳资矛盾、大量雇用本国工人加剧当地工人失业以及让东道国政府背负不可持续的债务负担等，这些问题的出现在某种程度上也反映了中国走进非洲还需要更加有序和加强战略规划的制定。

因此，我们要从顶层设计上来分析这些问题并设置相关报道框架。首先，要挖掘典型的正面案例，讲述"一带一路"倡议在非洲的生动故事，发挥正面报道的积极扩散效应。其次，正视西方媒体的负面报道，建立系统的"负面清单"。再次，政府和主流媒体要学会用"强势框架"来回应这些敏感问题，客观报道中国"一带一路"倡议在非洲的新动态和新发展，分析产生某些问题的背景及其原因。"强势框架"是指在舆论场存在两个及以上对立性报道框架的情况时，其中有竞争力和有说服力的一类框架，而这类竞争力可以通过传播学者祝阿克曼（Druckman）等提出的设置强势框架三要素（可用性、实用性、有效性）来获得。[①] 设置"强势框架"的最优效果是公众能够将这个框架与自己的生活直接关联，当媒体提到某个话题的时候其相关的框架立即在脑海里浮现。最后，加强报道的"本土化和""在地"视角，要学会和非洲国家合作一起找到化解矛盾和解决问题的方式方法，在这里，特别注意要用跨文化的视角来理解非洲国家的文化基因及其现实利益诉求。

比如，针对西方政府和媒体对"中国债务陷阱论"的批评之声，媒体在报道时候应注意：第一，应突出强调中国提供的贷款对非洲国家带来的重要正面效应及典型案例。如中国投资

---

① Druckman, J. and Chong, D. A., "Theory of Framing and Opinion Formation in Competitive Elite Environments", *Journal of Communication*, No. 572007, pp. 99–118.

的基础设施项目会增加这些国家的经济活动、推动互联互通、减少不平等、提升当地就业等。第二，要正视引发的相关问题。比如"不附加任何政治条件"的做法意味着预期成效更容易因腐败和地方政治而打折扣，比如用事实和数据讲清楚，没有哪个非洲国家因为和中国合作陷入"债务危机"，没有哪个"债务危机"是中国引起的，而让某个借款国掉进债务陷阱，并不是中方的初衷或设计，但是，操作过程中，如果债权方和债务方都没有足够的慎重，产生债务危机便是自然结果之一。第三，要强调中国在加强反腐、合规合法、规范经营等方面的努力，并且从根本上讲，中国的援助和投资本身并无好坏之分。"一带一路"倡议是要为非洲国家增强造血能力，中国致力于和非洲国家共同促进发展，把重点放在非洲国家最需解决的优先事项，从而扩大非洲当地社区和人民所能获得的好处。

除了学会用"强势框架"回应西方媒体的报道，争取国际话语的主动权外，我们还要努力打破西方的"刻板成见"，强调"一带一路"倡议的合作性和非他性。我们必须清楚认识到，随着"一带一路"倡议在非洲落地的广度和深度的拓展，在国际上受到的舆论阻力会一直存在并且不会减轻，并且在触碰到西方大国在非洲既有利益的时候可能还会呈现激烈反弹，这跟西方国家和媒体对中国存有的刻板成见密切相关。比如2019年8月，美国国务院的一个共享平台"连线美国"（Share America）就曾刊登题为"非洲国家拒绝'一带一路'工程"的文章，称塞拉利昂某机场和坦桑尼亚某港口都属于中国全球性"一带一路"倡议的工程，但因考虑到代价、主权和环境问题，两国已停止有关工程。① CNN 还曾渲染炒作塞拉利昂某机场是首次非洲国家取消已经宣布的、主要由中国支持的项目。② 但中国外交部发言人回应指出，这个项目只是中方和塞拉利昂有关企业仍在探讨的一个项目。

纵观西方媒体对"一带一路"倡议对报道，始终存在着刻板成见，比如"债务陷阱""污染环境""掠夺资源""中国版马歇尔计划""中方借机扩张全球影响力"，等等。其中"中国版马歇尔计划"特别值得关注，因为这是自中国"一带一路"倡议提出之后，西方媒体最爱采用的一种类比。"马歇尔计划"帮助美国成为超级大国，而在西方媒体眼中，中国也寄希望于通过"一带一路"倡议来达到同样的效果，因此"一带一路"倡议被认为是一个正在崛起的全球大国试图用经济力量来实现其外交政策目标、政治争霸的工具，但中国的"一带一路"倡议与"马歇尔计划"有着本质区别，中国实施"一带一路"的重要理念是结伴不结盟，"一带一路"倡议也不是"马歇尔计划"的中国版。

因此，针对诸如上文的刻板成见，中国政府和媒体要积极主动设置议程，公开反驳，在不回避分歧和竞争的基础上，积极与各国开展对话，形成良性的国际舆论环境。特别是针对美俄印欧等大国，应避免将倡议战略化和地缘政治化，应主动强

---

① Leigh Hartman, *Countries in Africa reject Belt and Road deals*, August 26, 2019, https://share.america.gov/countries-in-africa-reject-belt-and-road-deals/.

② Jenni Marsh, Ben Westcott. Sierra Leone cancels $300 million airport deal with China, October 11, 2018, https://www.cnn.com/2018/10/11/africa/china-africa-sierra-leone-airport-intl/index.html.

调倡议的合作性、开放性、非排他性和互利共赢性，寻求合作的利益契合点和合作面，淡化零和博弈和对抗色彩。只有做好这些增信释疑工作，突出"一带一路"倡议的合作共赢性质，消除相关误读和疑虑，才能为"一带一路"倡议在非洲的发展打造更加有利的国际舆论环境。

参考文献

刘振亚：《全球能源互联网》，中国电力出版社 2015 年版。

习近平：《之江新语》，浙江人民出版社 2007 年版。

中国国务院新闻办公室：《中国与非洲的经贸合作》白皮书，人民出版社 2010 年版。

中国商务部、国家统计局、国家外汇管理局：《2018 年度中国对外直接投资统计公报》，中国商务出版社 2019 年版。

陈希沧：《中非合作论坛机制下中非贸易发展及特点研究》，《宁夏社会科学》2019 年第 4 期。

郭艳：《跨境电商成一带一路国际合作新亮点》，《中国对外贸易》2018 年第 12 期。

黄玉沛：《中非共建"数字丝绸之路"：机遇、挑战与路径选择》，《国际问题研究》2019 年第 4 期。

李霞、刘婷、卢笛音：《中非环境发展合作：打造一带一路绿色支点》，《环境与可持续发展》2015 年第 6 期。

林卫斌、苏剑、张琪惠：《绿色发展水平测度研究》，《学习与探索》2019 年第 1 期。

刘晓春、李梦雪：《中非跨境电商蓬勃发展挑战亦需警惕》，

《中国对外贸易》2018年第9期。

史耀波、赵欣欣、薛伟贤：《贸易便利化实践进展：国际比较及经验借鉴》，《国际经济合作》2017年第8期。

宋微：《积极培育非洲市场——中国援助提升非洲的贸易能力》，《海外投资与出口信贷》2018年第6期。

田伊霖、武芳：《推进中非贸易高质量发展的思考——2018年中非贸易状况分析及政策建议》，《国际贸易》2019年第6期。

王洪一：《"伊代"飓风昭显非洲气候变化困局》，《中国投资》2019年第8期。

王洪一：《中非共建产业园：历程、问题与解决思路》，《国际问题研究》2019年第1期。

王莉丽、蒋贝、曹洋红：《2017年美欧非媒体对华报道特点及应对策略——以"一带一路"国际合作高峰论坛和中共十九大报道为例》，《对外传播》2018年第2期。

吴哲能等：《工业园区模式助推非洲经济发展》，《中国国情国力》2018年第2期。

武芳、姜菲菲：《扩大自非洲进口的政策思考》，《国际贸易》2018年第6期。

徐国庆：《"一带一路"倡议与中非关系发展》，《晋阳学刊》2018年第6期。

徐豪：《中国在非洲形象总体正面积极中国企业获得广泛认可》，《中国报道》2019年第1期。

许小平、秦杰：《中非跨境电商的动力和阻碍探析》，《对外经贸实务》2018年第12期。

张瑾：《非洲水问题及其治理》，《现代国际关系》2018 年第 12 期。

Africa and China's Belt and Road strategy, *the Nation*, May 8, 2019, https://thenationonlineng.net/africa-and-chinas-belt-and-road-strategy/, 2020-02-20.

African Union and China renew commitment to advance multilateral cooperation, May 11, 2018, https://au.int/en/pressreleases/20180511/african-union-and-china-renew-commitment-advance-multilateral-cooperation.

AU, Chinese officials agree to expedite China-Africa cooperation under BRI, 2019/5/31, http://www.globaltimes.cn/content/1152544.shtml.

AU, Chinese officials agree to expedite China-Africa cooperation under BRI, 2019/5/31, http://www.globaltimes.cn/content/1152544.shtml.

Charles Onunaiju, Africa and the belt and road initiative, *the Sun*, 29th April 2019, https://www.sunnewsonline.com/africa-and-the-belt-and-road-initiative/.

China Belt and Road can drive Kenya growth, TUESDAY, APRIL 23, 2019, https://www.businessdailyafrica.com/analysis/letters/China-Belt-and-R-oad-can-drive-Kenya-growth/4307714-5084598-m13abgz/index.html, 2020-02-10.

China's Belt and Road Initiative: Where does Africa fit? Max Braun, https://saiia.org.za/research/china-s-belt-and-road-initiative-where-does-africa-fit/, 2020-02-11.

Druckman, J. and Chong, D. A., "Theory of Framing and Opinion Formation in Competitive Elite Environments", *Journal of Communication*, No. 572007.

Emily Feng etc., The other side of Chinese investment in Africa, March 27, 2019, https://www.ft.com/content/9f5736d8-14e1-11e9-a581-4ff78404524e.

Flagship Project 5, African Union Agenda 2063: https://au.int/en/agenda2063.

Francois de Soyres etc. How the Belt and Road Initiative could reduce trade costs. 27 November 2018. https://voxeu.org/article/how-belt-and-road-initiative-could-reduce-trade-costs.

How China's Belt and Road Initiative affects Nigeria, Africa, January 28, 2020, Vanguard Media, https://www.vanguardngr.com/2020/01/how-chinas-belt-and-road-initiative-affects-nigeria-africa/, 2020-02-09.

Irene Yuan Sun etc., *Dance of the lions and dragons: How are Africa and China engaging, and how will the partnership evolve?*, June 2017. McKinsey & Company report.

Jenni Marsh, Ben Westcott. Sierra Leone cancels $300 million airport deal with China, October 11, 2018, https://www.cnn.com/2018/10/11/africa/china-africa-sierra-leone-airport-intl/index.html.

Jenni Marsh, *Employed By China*, August, 2018. https://www.cnn.com/interactive/2018/08/world/china-africa-ethiopia-manufacturing-jobs-intl/.

Kim Harrisberg, "Four out of five young Africans surveyed said they are now anxious about climate change", February 20, 2020, https://news. trust. org/item/20200220130440 - iinsu/.

Leigh Hartman, *Countries in Africa reject Belt and Road deals*, August 26, 2019, https://share. america. gov/countries-in-africa-reject-belt-and-road-deals/.

McKinsey & Company, *Dance of the lions and dragons: How are Africa and China engaging, and how will the partnership*, June 2017.

McKinsey & Company, *Dance of the lions and dragons: How are Africa and China engaging, and how will the partnership*, June 2017.

McKinsey & Company, *Dance of the lions and dragons: How are Africa and China engaging, and how will the partnership*, June 2017.

Moustapha Kamal Gueye, "Africa's Energy Transition: Opportunities and Challenges for Decent Work", International Centre for Trade and Sustainable Development, April 24, 2018, https://www. ictsd. org/bridges-news/bridges-africa/news/africa%E2%80%99s-energy-transition-opportunities-and-challenges-for-decent.

Richard Bluhm etc. , *Connective Financing: Chinese Infrastructure Projects and the Diffusion of Economic Activity in Developing Countries*, September 2018, AidData Working Paper.

Silencing the Gun - 2020, African Union: https://au. int/en/flagships/silencing-guns - 2020.

Sophie van der Meer. Demystifying Debt Along China's New Silk Road:

Is Beijing really seeking to buy political influence abroad?. March 6, 2019. https://thediplomat.com/2019/03/demystifying-debt-along-chinas-new-silk-road/.

The China Africa Research Initiative at the Johns Hopkins University. Data: Chinese Loans to Africa. http://www.sais-cari.org/data-chinese-loans-to-africa.

World Bank, *Africa's Pulse: An Analysis of Issues Shaping Africa's Economic Future*, Vol. 19, April 2019, p. 113.

"Africa: Climate Change Can Set the Stage for Violent Conflict-Expert", February 14, 2020, https://allafrica.com/stories/202002140932.html.

杨宝荣，男，法学博士。中国社会科学院西亚非洲研究所（中国非洲研究院）经济研究室主任，研究员，长期从事非洲经济发展研究。